中国地质调查成果 CGS 2023-020
海南省海洋地质资源与环境重点实验室成果
海南省地质调查院成果
海南省重要矿产资源潜力评价成果系列丛书

海南省重要矿产综合信息集成

何国伟　何玉生　张固成　谢顺胜　蔡水库　陈育文　编著

地质出版社
·北　京·

内 容 简 介

本书详细介绍了海南省现有的各类基础地学数据库的概况及为满足本次矿产资源潜力评价工作需要对其进行更新维护的情况，利用各类 GIS 软件完成的资源潜力评价相关专题编图和属性数据库建设具体情况，以及矿产资源潜力评价成果集成数据库建设方法、流程及内容，同时对海南省矿产资源潜力评价成果应用与服务进行了总结、建议和展望。

本书可供相关专业领域的技术人员和管理人员参考。

图书在版编目（CIP）数据

海南省重要矿产综合信息集成 / 何国伟等编著. —北京：地质出版社，2023. 10

ISBN 978-7-116-13838-4

Ⅰ. ①海… Ⅱ. ①何… Ⅲ. ①矿产资源-资源潜力-资源评价-海南 Ⅳ. ①F426. 1

中国国家版本馆 CIP 数据核字（2023）第 189712 号

HAINAN SHENG ZHONGYAO KUANGCHAN ZONGHE XINXI JICHENG

责任编辑：关会梅　李　莉
责任校对：李　玫
出版发行：地质出版社
社址邮编：北京市海淀区学院路 31 号，100083
电　　话：（010）66554528（邮购部）；（010）66554626（编辑室）
网　　址：https://www. gph. clmpg. com
传　　真：（010）66554629
印　　刷：海南博威印刷有限公司
开　　本：889mm×1194mm　1/16
印　　张：8. 75
字　　数：260 千字
版　　次：2023 年 10 月北京第 1 版
印　　次：2023 年 10 月海口第 1 次印刷
审 图 号：琼 S（2023）277 号
定　　价：70. 00 元
书　　号：ISBN 978-7-116-13838-4

海南省重要矿产资源潜力评价

充分利用截止到2006年的

海南省地质、矿产、物探、化探、遥感、自然重砂等成果资料。

相关专业技术人员前后历时8年

完成重要矿产单矿种、相关专业和总体评价系列成果。

值此成果系列丛书公开出版之际，

谨向为海南省地质勘查、地学研究等竭诚奉献的广大地质工作者

致以崇高的敬意！

序

海南省位于中国最南端，行政区域包括海南岛、西沙群岛、中沙群岛、南沙群岛的岛礁及其海域，全省陆地（主要包括海南岛和西沙、中沙、南沙群岛）总面积 $3.54\times10^4km^2$，海域面积约 $200\times10^4km^2$。

1949 年后，尤其是 1988 年海南建省办经济特区以来，海南经济社会发展取得重大成就，从一个边陲海岛发展成为我国改革开放的重要窗口，实现了翻天覆地的变化。随着海南自由贸易港“三区一中心”战略的全面推进，海南将成为引领我国新时代对外开放的鲜明旗帜和重要门户。

在古代，海南省就有矿业活动。据史料记载，唐朝时曾有砂金开采，清朝乾隆年间曾对石碌铜矿进行过开采，清末民初对那大锡矿断续开采多年。地质调查工作始于 20 世纪初叶，1949 年后才开始大规模地开展地质勘探工作。经过几代地质工作者的努力，先后发现了一批具工业价值的矿产，为工业发展提供了矿产资源和能源保障。

改革开放后，我国经济高速发展对矿产资源的需求迅猛增长，资源供需矛盾日显突出。为了贯彻落实《国务院关于加强地质工作的决定》，2006 年国土资源部部署了全国重要矿产资源潜力评价工作，旨在通过系统总结以往地质调查和矿产勘查工作成果，评价未查明矿产资源潜力，为资源勘查、摸清资源家底提供依据。

海南省矿产资源潜力评价是全国矿产资源潜力评价计划项目中的一项工作项目，是全国矿产资源潜力评价工作的组成部分，其总体目标是：根据全国重要矿产资源潜力预测评价技术要求，结合海南省实际，选择铁、锰、铜、铅、锌、铝、钨、钼、金、银、磷、萤石、重晶石、硫、稀土、煤、油页岩、锆英石砂、钛铁矿砂、石英砂、独居石砂共 21 个矿种开展资源潜力评价工作。在 21 个矿种中，油页岩、锆英石砂、钛铁矿砂、石英砂和独居石砂为海南省增选矿种，其他为全国要求评价的矿种。

海南省矿产资源潜力评价工作于 2007 年 6 月正式启动，2013 年 11 月结束，累计完成各类图件编制 1800 多张、图件数据库建设 1600 多个，编写图件说明书 1600 多份，编制各类报告 30 多份，全面完成了预期的目标任务，取得了丰硕成果。基本摸清了海南省重要矿产资源家底，为矿产资源保障能力和勘查部署决策提供了依据。

一是收集了海南省历年来地质、矿产、物探、化探、遥感、自然重砂工作资料。截至 2006 年底，编制了工作程度图，补充完善了基础数据库；总结了各专业课题组的预测评价技术方法。

二是首次以板块构造理论为基础，编制了海南省大地构造图，为区域成矿地质作用研究和矿产预测奠定了坚实的地质基础和依据，进一步提高了海南省区域地质研究程度。

三是首次系统地利用地质、矿产、物探、化探、遥感、自然重砂等多学科资料，针对铁、铝、铜、铅、锌、金、银、钼、钨、锰、稀土、磷、硫、萤石、重晶石、煤、锆英石砂、钛铁矿砂、石英砂、独居石砂、油页岩共21个矿种及不同矿床类型，系统地建立了全省41个典型矿床的成矿模式、找矿模型和39处预测工作区成矿模式及预测模型，丰富和发展了省内区域成矿理论，提升了综合信息矿产预测技术水平。

四是系统地利用地质、物探、化探、遥感、自然重砂等综合信息，全程应用GIS技术进行了全省重要矿产资源潜力评价与预测研究，圈定了评价矿种综合预测区。

五是首次系统建立了海南省完整的地学数据库，实现了矿产资源潜力预测研究全程信息化，为海南省矿产资源总体规划和专项规划及国土资源“一张图”工程打下了坚实的基础。

海南省矿产资源潜力评价在基础地质、矿床地质、典型矿床与成矿规律研究、多学科成果集成利用、预测方法、数据库建设中取得了一系列创新性成果，这些成果是制定海南省国民经济中长期发展规划、研究制定矿产资源战略、加强宏观调控的重要依据；是发展和推广利用成矿新理论、勘查新技术新方法，促进科研与调查密切结合的重要举措。

为了实现评价成果的广泛应用，为海南省经济社会发展、地学研究和提高自然资源调查研究程度发挥重要作用，海南省地质局部署安排海南省海洋地质资源与环境重点实验室联合海南省地质调查院共同编辑出版本丛书，以专题按分册（共计8册）出版，分别是地质背景研究、成矿规律研究、磁测资料应用研究、化探资料应用研究、遥感资料应用研究、自然重砂资料应用研究、综合信息集成研究和总体评价成果集成。

在海南自由贸易港建设如火如荼之际，冀以此套丛书的出版，更好地为海南资源保障、环境保护和国土空间规划提供基础地学支撑，为建功自贸港增砖添瓦。

向为本套丛书出版作出贡献的地质科技工作者和各方朋友致敬、致谢！

海南省地质局党组书记、局长：李海忠

2021年4月13日

前　　言

全国矿产资源潜力评价是国土资源部（现自然资源部）在矿产资源领域部署的一次重要的国情调查工作，其目的是通过系统总结我国基础地质调查和矿产勘查工作成果资料，全面掌握矿产资源现状，充分应用现代矿产资源预测评价的理论方法和GIS评价技术，科学评价未查明矿产资源潜力，建立真实准确的矿产资源数据库，满足矿产资源规划、管理、保护和合理利用的需要，为实现找矿重大新突破提供资源勘查依据。

海南省矿产资源潜力评价系全国矿产资源潜力评价项目的组成部分，以海南省地质调查院为主要业务承担单位。项目组根据研究内容和专业分工，分设了成矿地质背景研究、成矿规律研究与矿产预测、物探信息、化探重砂信息、遥感信息、综合信息集成等课题组。

综合信息集成课题的主要工作内容：完成海南省内各类基础地学数据库更新和维护；为其他专业课题组开展潜力评价工作提供GIS技术支持，支撑其他专业课题组完成专题成果图件编制及属性数据库、元数据库的建设；完成海南省矿产资源潜力评价成果数据库集成建库；为充分应用矿产资源潜力评价成果提供信息专业技术支撑。

本书详细叙述了海南省各类基础地学数据库的现状及本次工作中的更新和维护状况，利用各类GIS软件支撑矿产资源潜力评价各课题组完成相关图件的编制及属性数据库建设的具体情况，以及矿产资源潜力评价成果集成数据库建设方法、流程和具体内容，同时对矿产资源潜力评价的成果应用和服务进行了总结、建议和展望。

综合信息集成课题取得的主要成果包括以下几个方面：

（1）完成了全省1：25万地质图数据库、矿产地数据库、地质工作程度数据库、区域地球化学数据库、自然重砂数据库、区域重力数据库、航磁数据库、遥感影像图数据库等8大类地学数据库维护与更新，满足了潜力评价工作的需要。

（2）通过全面、全过程使用计算机技术开展潜力评价工作，总结了适合本省的专题数据库建设的工作方法和技术流程，为专题数据库建设提供了方法和技术支撑。

（3）支撑其他专业课题组完成了专题成果图件及属性数据库、元数据库建设，配合建成了海南省省级基础编图成果数据库和铁、锰、铜、铅、锌、钨、钼、金、银、稀土、铝土、磷、硫、萤石、重晶石、煤、油页岩、钛铁矿、锆英石、独居石、石英砂等矿种（组）潜力评价成果数据库。

（4）基于省级矿产资源潜力评价资料性成果汇总建库管理系统（GeoPEX），完成了海南省矿产资源潜力评价成果集成数据库建设，涵盖了成矿地质背景、成矿规律与矿产预测等7个专题的基础编图成果和铁、铜等15个矿种潜力评价成果，实现了省级矿产资源潜力评价数据成果的一体化管理，为海南省矿产资源潜力评价数据成果的社会化服务奠定了基础。

本书共8章。其中前言、第一章、第二章、第六章、第七章、第八章由何国伟编写；第三章、第四章、第五章由何国伟、何玉生、张固成、谢顺胜、蔡水库、陈育文编写；全书由何国伟统稿。除编著者外，先后参与本课题工作的还有莫位任、王丰、傅小丽、夏南、符国精、郑纪青、蔡于春、范小慧、韩飞等。

综合信息集成课题任务的顺利完成，是项目组全体成员共同努力的结果。课题实施过程中得到了全国矿产资源潜力评价综合信息集成项目组左群超研究员、武汉地质调查中心李林教授级高级工程师和海南省地质局教授级高级工程师何圣华等专家的悉心指导与帮助，在此一并表示感谢！

由于笔者水平有限，书中难免存在不当之处，敬请各位专家、读者批评指正。

编著者

2022年9月

目　　录

第一章　概　　述

本章主要介绍了海南省矿产资源潜力评价项目来源及综合信息课题的目标任务及工作开展情况。

第一节　项目背景

为贯彻落实《国务院关于加强地质工作的决定》，2006 年国土资源部部署了全国矿产资源潜力评价工作，并把该项工作定位为我国矿产资源方面的一次重要的国情调查，目的是通过系统总结地质调查和矿产勘查工作成果，全面掌握矿产资源现状，科学评价未查明矿产资源潜力，建立真实准确的矿产资源数据，为实现找矿重大新突破提供资源勘查依据。

全国矿产资源潜力评价工作的目标任务：

（1）充分应用现代矿产资源预测评价的理论方法和 GIS 评价技术，开展煤炭、铀、铁、铜、铝、铅、锌、钾、磷、金、钨、锑、稀土等矿产的资源潜力评价（2000m 以浅范围内）。以成矿区（带）为单元，在分省（区、市）开展重要矿产资源总量预测的基础上，汇总开展全国单矿种资源总量预测，编制单矿种预测图，进行单矿种资源量估算。基本摸清全国重要矿产资源潜力及其空间分布，为研究制定国家矿产资源战略与国民经济中长期规划提供科学依据。

（2）以成矿地质理论为指导，深入开展各成矿区（带）及全国范围的区域成矿地质构造环境及成矿规律研究，研究总结各成矿区（带）典型矿床，建立矿床成矿模型（式）、区域成矿模式及区域成矿谱系；充分利用地质、物探、化探、遥感和矿产勘查等综合成矿信息，圈定成矿远景区和找矿靶区，逐个评价成矿远景区资源潜力，并进行分类排序；编制重要成矿区（带）成矿规律与预测图，为科学合理地规划和部署矿产勘查工作提供依据。

（3）建立并不断完善全国重要矿产资源潜力预测相关数据库，特别是成矿远景区的地学空间数据库、典型矿床数据库，为今后开展矿产勘查的规划部署研究奠定扎实的信息基础。

全国矿产资源潜力评价选取的矿产包括煤炭、铀、铁、铜、铝、铅、锌、锰、镍、钨、锡、钾、金、铬、钼、锑、稀土、银、硼、锂、磷、硫、萤石、菱镁矿、重晶石等 25 种，使用的地质基础资料和科研成果资料时间跨度从新中国成立之初到 2006 年底。

全国矿产资源潜力评价工作由中国地质调查局承担并组织实施，中国地质科学院矿产资源研究所、中国地质调查局发展研究中心、国土资源航空遥感中心等作为业务支撑单位。参加单位涉及天津地质调查中心、沈阳地质调查中心、南京地质调查中心、武汉地质调查中心、成都地质调查中心、西安地质调查中心、中国核工业地质局、中国煤炭地质总局、中国昊华化工（集团）总公司中化地质矿山总局、中国地质大学（北京）、中国地质大学（武汉）、30 个省（区、市）地质调查院等。

第二节　省级项目概况

海南省矿产资源潜力评价是全国矿产资源潜力评价计划项目中的一项工作项目，是全国矿产资源潜力评价工作的组成部分。

海南省矿产资源潜力评价的总体目标是：根据全国重要矿产资源潜力预测评价技术要求，结合海南省的具体实际，选择铁、锰、铜、铅、锌、铝土矿、钨、钼、金、银、磷、萤石、重晶石、硫、稀土、煤、油页岩、锆英石砂矿、钛铁矿砂矿、石英砂矿等20个矿种开展资源潜力评价工作。在现有工作程度基础上基本摸清海南省重要矿产资源家底，为矿产资源保障能力和勘查部署决策提供依据（20个矿种中，油页岩、锆英石砂矿、钛铁矿砂矿、石英砂矿为本省增选矿种，其他为全国矿产资源潜力评价选取的矿种）。

具体工作目标有以下3个方面：

（1）全面总结本省基础地质调查和矿产勘查工作，全面收集和利用现有地质工作成果和资料，充分应用现代矿产资源预测评价的理论方法和GIS评价技术，开展铁、锰、铜、铅、锌、铝土矿、钨、钼、金、银、磷、萤石、重晶石、硫、稀土、煤、油页岩、锆英石砂矿、钛铁矿砂矿、石英砂矿等矿种的资源潜力预测评价，估算有关矿种矿产资源潜力，圈定其空间分布，为研究制定国家矿产资源战略与国民经济中长期规划提供科学依据。

（2）以成矿地质理论为指导，深入开展本省范围的区域成矿规律研究；充分利用地质、物探、化探、遥感和矿产勘查等综合成矿信息，圈定成矿远景区和找矿靶区，逐个评价其成矿远景区资源潜力，并进行分类排序；编制海南省成矿规律及预测图，为科学合理地规划和部署矿产勘查工作提供依据。

（3）建立并不断完善海南省重要矿产资源潜力预测相关数据库，特别是成矿远景区的地学空间数据库，为今后开展矿产勘查的规划部署研究奠定扎实的信息基础。

海南省矿产资源潜力评价由海南省国土环境资源厅组织实施，承担单位为海南省地质调查院，协助单位为原海南省地质矿产勘查开发局（2010年9月与海南省地质勘查局合并后更名为海南省地质局）。

海南省矿产资源潜力评价项目启动时间为2006年底，2007年正式开展工作，2008年底完成了地学数据库维护工作。2010年1月提交了省级基础编图成果和铁、铝两矿种的潜力评价成果。2011年3月提交了铜、铅、锌、金、钨、磷、稀土、煤等矿种（组）的潜力评价成果。2012年7月提交了银、钼、锰、萤石、硫、重晶石等矿种的潜力评价成果。2013年6月提交了油页岩、钛铁矿、锆英石、独居石、石英砂等本省增选矿种（组）的潜力评价成果。2013年底完成了矿产资源潜力评价资料性成果汇总建库和省级总成果验收，项目结束。

第三节　课题工作概况

海南省矿产资源潜力评价根据研究内容和专业分工，分设了成矿地质背景研究、成矿规律研究与矿产预测、物探信息、化探信息、自然重砂信息、遥感信息、综合信息集成等课题。整个项目实施过程中，综合信息集成课题完成的主要工作有：

（1）在全面收集和整理海南省地学基础数据库相关资料基础上，完成了全省地质图、矿产地、航磁、重力、化探、遥感、自然重砂等地质基础数据库的维护更新工作。

（2）开展培训，为其他课题提供工具软件的应用支撑和计算机技术的支持，确保了省级矿产资源潜力评价工作中做到全面、全过程应用GIS技术。

（3）做好与全国重要矿产资源潜力评价综合信息集成项目组的沟通，及时分发标准、规范和软件，反馈问题和意见；协调本省其他课题组之间的数据分发和共享，保证数据的一致性、标准的时效性和要素编码的统一性。

（4）与其他课题密切配合、协作，指导各类图件的数据库建设，协助完成各矿种（组）的潜力评价工作，保证成果数据库格式和成果数据表达方式的统一性。

（5）开展全省矿产资源潜力评价资料性成果汇总，完成成果集成建库。

（6）编写项目设计和年度工作方案，编写相关成果报告。

（7）负责完成了全部成果的地质资料汇交工作。

（8）为中南区综合信息集成课题组和全国综合信息集成项目组的工作提供了必要协助。

第二章　主要研究成果

本章主要介绍海南省矿产资源潜力评价综合信息集成课题组提交的主要成果情况。

本次海南省矿产资源潜力评价历时8年。通过全面应用现代矿产资源潜力评价理论和GIS技术方法，开展了铁、锰、铜等20个矿种的资源潜力评价，基本摸清了评价矿种的资源潜力和空间分布，为开展矿产勘查的规划部署研究奠定了扎实的信息基础。各阶段的工作均按照全国项目总体部署和各年度工作安排计划顺利完成，并提交了相应的阶段性成果。通过对其他课题的全面技术支持和配合，本课题在基础地学数据库维护、潜力评价专题编图和属性数据库建设、综合信息集成建库等方面取得了一批重要成果。

第一节　基础地学数据库维护成果

对海南省1：50万地质图数据库、1：20万地质图数据库、矿产地数据库、自然重砂数据库、地质工作程度数据库、区域地球化学数据库、区域重力数据库、航磁数据库、遥感影像图数据库、二轮区划数据库、同位素地质测年数据库、地层数据库、1：5万地质图空间数据库、地理底图数据库等开展了深入调研，并从数据资源、管理系统、软件功能、概念模型等5类28个基本信息进行了系统总结，客观反映了海南省基础地学数据库建设现状。

在此基础上，按照统一的技术要求，对海南省1：25万地质图数据库、矿产地数据库、自然重砂数据库、区域地球化学数据库、区域重力数据库、航磁数据库、地质工作程度数据库、遥感影像图数据库等8大类地学数据库进行了维护与更新（表2-1），为开展资源潜力评价提供了基础数据。

表2-1　基础数据库维护成果

序号	数据库名称	维护前数量	新增入库数量
1	海南省1：25万地质图数据库	1：25万地质图数据库6个图幅	无新增
2	海南省地质工作程度数据库	工作程度记录472条； 矿产地记录368条	工作程度记录179条； 矿产地记录105条
3	海南省矿产地数据库	158条矿产地记录	252条矿产地记录
4	海南省区域重力数据库	1：20万重力测量10个图幅（含不完整图幅）	无新增
5	海南省航磁数据库	1：10万航磁测量2km×2km网格数据34000km^2； 1：5万航磁测量数据8285km^2	1：5万航磁测量数据10172km^2； 1：1万地磁数测量据2个矿区
6	海南省区域地球化学数据库	1：20万水系沉积物测量样品8625件	1：5万水系沉积物测量样品20482个； 1：5万土壤测量样品4092个； 1：1万土壤测量样品122737个
7	海南省自然重砂数据库	1：20万自然重砂测量样品22561个	1：5万自然重砂测量样品2650个
8	海南省遥感影像图数据库	1：25万遥感影像图6幅	1：25万遥感影像图6幅 （用质量更好的影像替换）； 补充部分地区高分辨率影像

第二节　专题图库建设成果

全面应用现代矿产资源预测评价理论方法，以及全过程使用 GIS 技术和数据库技术，是本次潜力评价有别于以往成矿远景区划的一大特点。依据矿产资源潜力评价数据模型及基于模型开发的软件 GeoMAG，开展了海南省矿产资源潜力评价数据库建设，总结了一套适合本省的专题图件编制和数据库建设的工作方法和技术流程，为专题数据库建设提供了方法和技术支撑。

支撑其他课题组开展专题图编制、属性数据库和元数据库建设工作。全省共完成成矿地质背景研究专题图库 41 个、成矿规律研究专题图库 88 个、矿产预测研究专题图库 193 个、磁测资料应用专题图库 151 个、重力资料应用专题图库 116 个、化探资料应用专题图库 516 个、自然重砂资料应用专题图库 129 个、遥感资料应用专题图库 126 个（表 2-2）。专题图库按矿种统计，结果见表 2-3～表 2-17。

配合其他课题组建成了省级基础编图成果数据库和铁、锰、铜、铅、锌、钨、钼、金、银、稀土、铝土、磷、硫、萤石、重晶石、煤、油页岩、钛铁矿、锆英石、独居石、石英砂等矿种（组）潜力评价成果数据库。

表 2-2　省级专题成果数据库建设成果　　图库/个

专题 分组	成矿地质背景研究	成矿规律研究	矿产预测研究	磁测资料应用	重力资料应用	化探资料应用	自然重砂资料应用	遥感资料应用	小计
省级基础编图	11	1		7	4	86	18	20	147
铁矿种	3	8	12	22	12			12	69
锰矿种	1	4	6	4	4	2		3	24
铜矿种	2	6	9	11	8	35	10	6	87
铅矿种	1	4	6	4	4	27	9	3	58
锌矿种		4	6			1			11
铝土矿种	1	4	6	5	4			3	23
钨矿种	2	6	9	8	8	48	12	7	100
钼矿种	4	9	22	22	16	97	23	13	206
金矿种	3	8	12	12	12	76	20	14	157
银矿种	3	8	12	15	12	52	12	12	126
稀土矿种	2	4	6	4	4	8	1	5	34
萤石矿种	1	4	6	4	4	12	4	5	40
硫矿种	2	6	9	14	8	31	9	9	88
重晶石矿种	4	8	12	15	12	41	11	11	114
磷矿种	1	4	6	4	4			3	22
合计	41	88	139	151	116	516	129	126	1306

注：本表统计按数据模型建立了数据库，并提交有编图说明书和元数据的图库，没有统计煤和自增评价矿种；锌与铅为共生矿种，两者共用图库在铅矿种中统计，在锌矿种中不再重复统计。

表 2-3　省级基础编图及属性库

名称	专业	种　类	数据库/个	说明书/个	元数据/个
省级基础编图	地质背景	1：25 万分幅实际材料图	5	5	5
		1：25 万分幅建造构造图	5	5	5
		省级大地构造相图	1	1	1
	矿产及预测	省级区域成矿规律图	1	1	1
	磁测	省级磁法推断地质构造图	1	1	1
		省级航磁 ΔT 等值线平面图	1	1	1
		省级磁异常分布图	1	1	1
		省级地磁工作程度图	1	1	1
		省级航磁工作程度图	1	1	1
		省级航磁 ΔT 化极垂向一阶导数等值线平面图	1	1	1
		省级航磁 ΔT 化极等值线平面图	1	1	1
	重力	省级布格重力异常图	1	1	1
		省级剩余重力异常图	1	1	1
		省级重力推断地质构造图	1	1	1
		省级重力工作程度图	1	1	1
	化探	省级地球化学推断地质构造图	1	1	1
		省级地球化学景观图	1	1	1
		省级地球化学工作程度图	1	1	1
		省级单元素地球化学图	39	39	39
		省级单元素地球化学异常图	39	39	39
		省级地球化学综合异常图	5	5	5
	自然重砂	省级自然重砂异常图	18	18	18
	遥感	省级遥感异常组合图	1	1	1
		省级遥感构造解译图	1	1	1
		1：25 万分幅遥感矿产地质特征解译图	6	6	6
		1：25 万分幅遥感羟基异常分布图	6	6	6
		1：25 万分幅遥感铁染异常分布图	6	6	6
合　计			147	147	147

表 2-4　铁矿潜力评价成果图件及属性库

名称	专业	种　类	数据库/个	说明书/个	元数据/个
铁矿	地质背景	预测工作区变质建造构造图	1	1	1
		预测工作区侵入岩浆构造图	2	2	2
	矿产及预测	典型矿床成矿要素图	3	3	3
		省级单矿种（组）区域成矿规律图	1	1	1
		省级矿产预测类型分布图	1	1	1
		预测工作区区域成矿要素图	3	3	3
		典型矿床预测要素图	3	3	3
		预测工作区区域预测要素图	3	3	3
		预测工作区矿产预测类型预测成果图	3	3	3
		省级单矿种（组）预测成果图	1	1	1
		省级单矿种（组）勘查工作部署图	1	1	1
		省级单矿种（组）未来矿产开发基地预测图	1	1	1

续表

名称	专业	种　　类	数据库/个	说明书/个	元数据/个
铁矿	重力	预测工作区重力工作程度图	3	3	3
		预测工作区布格重力异常图	3	3	3
		预测工作区剩余重力异常图	3	3	3
		预测工作区重力推断地质构造图	3	3	3
	磁测	预测工作区矿产预测类型磁法推断磁性矿产分布图	3	3	3
		省级磁法推断磁性矿床分布图	1	1	1
		预测工作区航磁 ΔT 等值线平面图	3	3	3
		预测工作区航磁 ΔT 化极等值线平面图	3	3	3
		预测工作区航磁 ΔT 化极垂向一阶导数等值线平面图	3	3	3
		预测工作区地磁等值线平面图	1	1	1
		预测工作区地磁化极垂向一阶导数等值线平面图	1	1	1
		预测工作区地磁化极等值线平面图	1	1	1
		预测工作区磁异常范围分布图	3	3	3
		预测工作区磁法推断地质构造图	3	3	3
	遥感	典型矿床遥感矿产地质特征与近矿找矿标志解译图	1	1	1
		典型矿床遥感铁染异常分布图	2	2	2
		典型矿床遥感羟基异常分布图	1	1	1
		预测工作区遥感矿产地质特征与近矿找矿标志解译图	3	3	3
		预测工作区遥感羟基异常分布图	3	3	3
		预测工作区遥感铁染异常分布图	2	2	2
合　　计			69	69	69

表 2-5　锰矿潜力评价成果图件及属性库

名称	专业	种　　类	数据库/个	说明书/个	元数据/个
锰矿	地质背景	预测工作区沉积建造构造图	1	1	1
	矿产及预测	典型矿床成矿要素图	1	1	1
		预测工作区区域成矿要素图	1	1	1
		省级单矿种（组）区域成矿规律图	1	1	1
		省级矿产预测类型分布图	1	1	1
		典型矿床预测要素图	1	1	1
		预测工作区区域预测要素图	1	1	1
		预测工作区矿产预测类型预测成果图	1	1	1
		省级单矿种（组）预测成果图	1	1	1
		省级单矿种（组）勘查工作部署图	1	1	1
		省级单矿种（组）未来矿产开发基地预测图	1	1	1
	重力	预测工作区布格重力异常图	1	1	1
		预测工作区重力工作程度图	1	1	1
		预测工作区剩余重力异常图	1	1	1
		预测工作区重力推断地质构造图	1	1	1

续表

名称	专业	种　类	数据库/个	说明书/个	元数据/个
锰矿	磁测	预测工作区磁法推断地质构造图	1	1	1
		预测工作区航磁 ΔT 等值线平面图	1	1	1
		预测工作区航磁 ΔT 化极垂向一阶导数等值线平面图	1	1	1
		预测工作区航磁 ΔT 化极等值线平面图	1	1	1
	化探	预测工作区单元素地球化学图	1	1	1
		预测工作区单元素地球化学异常图	1	1	1
	遥感	预测工作区遥感矿产地质特征与近矿找矿标志解译图	1	1	1
		预测工作区遥感羟基异常分布图	1	1	1
		预测工作区遥感铁染异常分布图	1	1	1
合　计			24	24	24

表 2-6　铜矿潜力评价成果图件及属性库

名称	专业	种　类	数据库/个	说明书/个	元数据/个
铜矿	地质背景	预测工作区变质建造构造图	1	1	1
		预测工作区火山岩岩性岩相构造图	1	1	1
	矿产及预测	典型矿床成矿要素图	2	2	2
		预测工作区区域成矿要素图	2	2	2
		省级单矿种（组）区域成矿规律图	1	1	1
		省级矿产预测类型分布图	1	1	1
		典型矿床预测要素图	2	2	2
		预测工作区区域预测要素图	2	2	2
		预测工作区矿产预测类型预测成果图	2	2	2
		省级单矿种（组）预测成果图	1	1	1
		省级单矿种（组）勘查工作部署图	1	1	1
		省级单矿种（组）未来矿产开发基地预测图	1	1	1
	重力	预测工作区布格重力异常图	2	2	2
		预测工作区剩余重力异常图	2	2	2
		预测工作区重力推断地质构造图	2	2	2
		预测工作区重力工作程度图	2	2	2
	磁测	预测工作区磁法推断地质构造图	2	2	2
		预测工作区航磁 ΔT 等值线平面图	2	2	2
		预测工作区航磁 ΔT 化极垂向一阶导数等值线平面图	2	2	2
		预测工作区航磁 ΔT 化极等值线平面图	2	2	2
		预测工作区地磁等值线平面图	1	1	1
		预测工作区地磁化极垂向一阶导数等值线平面图	1	1	1
		预测工作区地磁化极等值线平面图	1	1	1
	化探	典型矿床所在位置区域化探异常特征图	1	1	1
		典型矿床单元素地球化学异常图	9	9	9
		预测工作区单元素地球化学图	11	11	11
		预测工作区单元素地球化学异常图	11	11	11
		预测工作区地球化学综合异常图	2	2	2
		省级地球化学找矿预测图	1	1	1

续表

名称	专业	种　　类	数据库/个	说明书/个	元数据/个
铜矿	自然重砂	预测工作区自然重砂异常图	10	10	10
	遥感	预测工作区遥感羟基异常分布图	2	2	2
		预测工作区遥感铁染异常分布图	2	2	2
		预测工作区遥感矿产地质特征与近矿找矿标志解译图	2	2	2
合　　计			87	87	87

表 2-7　铅矿（+锌矿）潜力评价成果图件及属性库

名称	专业	种　　类	数据库/个	说明书/个	元数据/个
铅矿（+锌矿）	地质背景	预测工作区侵入岩岩浆构造图	1	1	1
	矿产及预测	典型矿床成矿要素图	1+1	1+1	1+1
		预测工作区区域成矿要素图	1+1	1+1	1+1
		省级单矿种（组）区域成矿规律图	1+1	1+1	1+1
		省级矿产预测类型分布图	1+1	1+1	1+1
		典型矿床预测要素图	1+1	1+1	1+1
		预测工作区区域预测要素图	1+1	1+1	1+1
		预测工作区矿产预测类型预测成果图	1+1	1+1	1+1
		省级单矿种（组）预测成果图	1+1	1+1	1+1
		省级单矿种（组）勘查工作部署图	1+1	1+1	1+1
		省级单矿种（组）未来矿产开发基地预测图	1+1	1+1	1+1
	重力	预测工作区布格重力异常图	1	1	1
		预测工作区剩余重力异常图	1	1	1
		预测工作区重力推断地质构造图	1	1	1
		预测工作区重力工作程度图	1	1	1
	磁测	预测工作区磁法推断地质构造图	1	1	1
		预测工作区航磁 ΔT 等值线平面图	1	1	1
		预测工作区航磁 ΔT 化极垂向一阶导数等值线平面图	1	1	1
		预测工作区航磁 ΔT 化极等值线平面图	1	1	1
	化探	典型矿床所在位置区域化探异常特征图	1	1	1
		典型矿床单元素地球化学异常图	10	10	10
		预测工作区单元素地球化学图	7	7	7
		预测工作区单元素地球化学异常图	7	7	7
		预测工作区地球化学综合异常图	1	1	1
		省级地球化学找矿预测图	1+1	1+1	1+1
	自然重砂	预测工作区自然重砂异常图	9	9	9
	遥感	预测工作区遥感矿产地质特征与近矿找矿标志解译图	1	1	1
		预测工作区遥感羟基异常分布图	1	1	1
		预测工作区遥感铁染异常分布图	1	1	1
合　　计			69	69	69

表 2-8　铝土矿潜力评价成果图件及属性库

名称	专业	种　　类	数据库/个	说明书/个	元数据/个
铝土矿	地质背景	预测工作区地貌与第四纪地质图	1	1	1
	矿产及预测	典型矿床成矿要素图	1	1	1
		预测工作区区域成矿要素图	1	1	1
		省级单矿种（组）区域成矿规律图	1	1	1
		省级矿产预测类型分布图	1	1	1
		典型矿床预测要素图	1	1	1
		预测工作区区域预测要素图	1	1	1
		预测工作区矿产预测类型预测成果图	1	1	1
		省级单矿种（组）预测成果图	1	1	1
		省级单矿种（组）勘查工作部署图	1	1	1
		省级单矿种（组）未来矿产开发基地预测图	1	1	1
	重力	预测工作区布格重力异常图	1	1	1
		预测工作区剩余重力异常图	1	1	1
		预测工作区重力推断地质构造图	1	1	1
		预测工作区重力工作程度图	1	1	1
	磁测	预测工作区磁异常范围分布图	1	1	1
		预测工作区航磁 ΔT 化极等值线平面图	1	1	1
		预测工作区航磁 ΔT 等值线平面图	1	1	1
		预测工作区航磁 ΔT 化极垂向一阶导数等值线平面图	1	1	1
		预测工作区磁法推断地质构造图	1	1	1
	遥感	预测工作区遥感矿产地质特征与近矿找矿标志解译图	1	1	1
		预测工作区遥感羟基异常分布图	1	1	1
		预测工作区遥感铁染异常分布图	1	1	1
合　　计			23	23	23

表 2-9　钨矿潜力评价成果图件及属性库

名称	专业	种　　类	数据库/个	说明书/个	元数据/个
钨矿	地质背景	预测工作区侵入岩岩浆构造图	2	2	2
	矿产及预测	典型矿床成矿要素图	2	2	2
		预测工作区区域成矿要素图	2	2	2
		省级单矿种（组）区域成矿规律图	1	1	1
		省级矿产预测类型分布图	1	1	1
		典型矿床预测要素图	2	2	2
		预测工作区区域预测要素图	2	2	2
		预测工作区矿产预测类型预测成果图	2	2	2
		省级单矿种（组）预测成果图	1	1	1
		省级单矿种（组）勘查工作部署图	1	1	1
		省级单矿种（组）未来矿产开发基地预测图	1	1	1
	重力	预测工作区布格重力异常图	2	2	2
		预测工作区剩余重力异常图	2	2	2

续表

名称	专业	种类	数据库/个	说明书/个	元数据/个
钨矿	重力	预测工作区重力推断地质构造图	2	2	2
		预测工作区重力工作程度图	2	2	2
	磁测	预测工作区磁法推断地质构造图	2	2	2
		预测工作区航磁 ΔT 等值线平面图	2	2	2
		预测工作区航磁 ΔT 化极垂向一阶导数等值线平面图	2	2	2
		预测工作区航磁 ΔT 化极等值线平面图	2	2	2
	化探	典型矿床所在位置区域化探异常特征图	2	2	2
		典型矿床单元素地球化学异常图	19	19	19
		预测工作区单元素地球化学图	12	12	12
		预测工作区单元素地球化学异常图	12	12	12
		预测工作区地球化学综合异常图	2	2	2
		省级地球化学找矿预测图	1	1	1
	自然重砂	预测工作区自然重砂异常图	12	12	12
	遥感	典型矿床遥感矿产地质特征与近矿找矿标志解译图	1	1	1
		预测工作区遥感矿产地质特征与近矿找矿标志解译图	2	2	2
		预测工作区遥感羟基异常分布图	2	2	2
		预测工作区遥感铁染异常分布图	2	2	2
合计			100	100	100

表 2-10　钼矿潜力评价成果图件及属性库

名称	专业	种类	数据库/个	说明书/个	元数据/个
钼矿	地质背景	预测工作区火山岩岩性岩相构造图	1	1	1
		预测工作区侵入岩岩浆构造图	3	3	3
	矿产及预测	典型矿床成矿要素图	7	7	7
		预测工作区区域成矿要素图	4	4	4
		省级矿产预测类型分布图	1	1	1
		省级区域成矿规律图	1	1	1
		典型矿床预测要素图	7	7	7
		预测工作区区域预测要素图	4	4	4
		预测工作区矿产预测类型预测成果图	4	4	4
		省级单矿种（组）预测成果图	1	1	1
		省级单矿种（组）勘查工作部署图	1	1	1
		省级单矿种（组）未来矿产开发基地预测图	1	1	1
	重力	预测工作区布格重力异常图	4	4	4
		预测工作区剩余重力异常图	4	4	4
		预测工作区重力推断地质构造图	4	4	4
		预测工作区重力工作程度图	4	4	4
	磁测	预测工作区磁法推断地质构造图	4	4	4
		预测工作区航磁 ΔT 等值线平面图	4	4	4
		预测工作区航磁 ΔT 化极垂向一阶导数等值线平面图	4	4	4

续表

名称	专业	种　类	数据库/个	说明书/个	元数据/个
钼矿	磁测	预测工作区航磁 ΔT 化极等值线平面图	4	4	4
		预测工作区地磁等值线平面图	2	2	2
		预测工作区地磁化极垂向一阶导数等值线平面图	2	2	2
		预测工作区地磁化极等值线平面图	2	2	2
	化探	典型矿床所在位置区域化探异常特征图	7	7	7
		典型矿床单元素地球化学异常图	45	45	45
		预测工作区单元素地球化学图	20	20	20
		预测工作区单元素地球化学异常图	20	20	20
		预测工作区地球化学综合异常图	4	4	4
		省级地球化学找矿预测图	1	1	1
	自然重砂	预测工作区自然重砂异常图	23	23	23
	遥感	典型矿床遥感矿产地质特征与近矿找矿标志解译图	1	1	1
		预测工作区遥感矿产地质特征与近矿找矿标志解译图	4	4	4
		预测工作区遥感羟基异常分布图	4	4	4
		预测工作区遥感铁染异常分布图	4	4	4
合　计			206	206	206

表 2-11　金矿潜力评价成果图件及属性库

名称	专业	种　类	数据库/个	说明书/个	元数据/个
金矿	地质背景	预测工作区建造构造图	3	3	3
	矿产及预测	典型矿床成矿要素图	3	3	3
		预测工作区区域成矿要素图	3	3	3
		省级单矿种（组）区域成矿规律图	1	1	1
		省级矿产预测类型分布图	1	1	1
		典型矿床预测要素图	3	3	3
		预测工作区区域预测要素图	3	3	3
		预测工作区矿产预测类型预测成果图	3	3	3
		省级单矿种（组）预测成果图	1	1	1
		省级单矿种（组）勘查工作部署图	1	1	1
		省级单矿种（组）未来矿产开发基地预测图	1	1	1
	重力	预测工作区布格重力异常图	3	3	3
		预测工作区剩余重力异常图	3	3	3
		预测工作区重力推断地质构造图	3	3	3
		预测工作区重力工作程度图	3	3	3
	磁测	预测工作区磁法推断地质构造图	3	3	3
		预测工作区航磁 ΔT 等值线平面图	3	3	3
		预测工作区航磁 ΔT 化极垂向一阶导数等值线平面图	3	3	3
		预测工作区航磁 ΔT 化极等值线平面图	3	3	3

续表

名称	专业	种　　类	数据库/个	说明书/个	元数据/个
金矿	化探	典型矿床所在位置区域化探异常特征图	3	3	3
		典型矿床单元素地球化学异常图	29	29	29
		预测工作区单元素地球化学图	20	20	20
		预测工作区单元素地球化学异常图	20	20	20
		预测工作区地球化学综合异常图	3	3	3
		省级地球化学找矿预测图	1	1	1
	自然重砂	预测工作区自然重砂异常图	20	20	20
	遥感	典型矿床遥感矿产地质特征与近矿找矿标志解译图	2	2	2
		典型矿床遥感羟基异常分布图	2	2	2
		典型矿床遥感铁染异常分布图	1	1	1
		预测工作区遥感矿产地质特征与近矿找矿标志解译图	3	3	3
		预测工作区遥感羟基异常分布图	3	3	3
		预测工作区遥感铁染异常分布图	3	3	3
合　　计			157	157	157

表 2-12　银矿潜力评价成果图件及属性库

名称	专业	种　　类	数据库/个	说明书/个	元数据/个
银矿	地质背景	预测工作区变质建造构造图	1	1	1
		预测工作区建造构造图	1	1	1
		预测工作区侵入岩岩浆构造图	1	1	1
	矿产及预测	典型矿床成矿要素图	3	3	3
		预测工作区区域成矿要素图	3	3	3
		省级区域成矿规律图	1	1	1
		省级矿产预测类型分布图	1	1	1
		典型矿床预测要素图	3	3	3
		预测工作区区域预测要素图	3	3	3
		预测工作区矿产预测类型预测成果图	3	3	3
		省级单矿种（组）预测成果图	1	1	1
		省级单矿种（组）勘查工作部署图	1	1	1
		省级单矿种（组）未来矿产开发基地预测图	1	1	1
	重力	预测工作区布格重力异常图	3	3	3
		预测工作区剩余重力异常图	3	3	3
		预测工作区重力推断地质构造图	3	3	3
		预测工作区重力工作程度图	3	3	3
	磁测	预测工作区磁法推断地质构造图	3	3	3
		预测工作区航磁 ΔT 等值线平面图	3	3	3
		预测工作区航磁 ΔT 化极等值线平面图	3	3	3
		预测工作区航磁 ΔT 化极垂向一阶导数等值线平面图	3	3	3
		预测工作区地磁等值线平面图	1	1	1
		预测工作区地磁化极垂向一阶导数等值线平面图	1	1	1
		预测工作区地磁化极等值线平面图	1	1	1

续表

名称	专业	种　　类	数据库/个	说明书/个	元数据/个
银矿	化探	典型矿床所在位置区域化探异常特征图	2	2	2
		典型矿床单元素地球化学异常图	16	16	16
		预测工作区单元素地球化学图	15	15	15
		预测工作区单元素地球化学异常图	15	15	15
		预测工作区地球化学综合异常图	3	3	3
		省级地球化学找矿预测图	1	1	1
	自然重砂	预测工作区自然重砂异常图	12	12	12
	遥感	典型矿床遥感矿产地质特征与近矿找矿标志解译图	1	1	1
		典型矿床遥感羟基异常分布图	1	1	1
		典型矿床遥感铁染异常分布图	1	1	1
		预测工作区遥感矿产地质特征与近矿找矿标志解译图	3	3	3
		预测工作区遥感羟基异常分布图	3	3	3
		预测工作区遥感铁染异常分布图	3	3	3
合　　计			126	126	126

表 2-13　稀土矿潜力评价成果图件及属性库

名称	专业	种　　类	数据库/个	说明书/个	元数据/个
稀土矿	地质背景	预测工作区地貌与第四纪地质图	1	1	1
		预测工作区侵入岩岩浆构造图	1	1	1
	矿产及预测	典型矿床成矿要素图	1	1	1
		预测工作区区域成矿要素图	1	1	1
		省级矿产预测类型分布图	1	1	1
		省级区域成矿规律图	1	1	1
		典型矿床预测要素图	1	1	1
		预测工作区区域预测要素图	1	1	1
		预测工作区矿产预测类型预测成果图	1	1	1
		省级单矿种（组）预测成果图	1	1	1
		省级单矿种（组）勘查工作部署图	1	1	1
		省级单矿种（组）未来矿产开发基地预测图	1	1	1
	重力	预测工作区布格重力异常图	1	1	1
		预测工作区剩余重力异常图	1	1	1
		预测工作区重力推断地质构造图	1	1	1
		预测工作区重力工作程度图	1	1	1
	磁测	预测工作区航磁 ΔT 等值线平面图	1	1	1
		预测工作区航磁 ΔT 化极垂向一阶导数等值线平面图	1	1	1
		预测工作区航磁 ΔT 化极等值线平面图	1	1	1
		预测工作区磁法推断地质构造图	1	1	1
	化探	预测工作区单元素地球化学图	3	3	3
		预测工作区单元素地球化学异常图	3	3	3
		预测工作区地球化学综合异常图	1	1	1
		省级地球化学找矿预测图	1	1	1

续表

名称	专业	种　类	数据库/个	说明书/个	元数据/个
稀土矿	自然重砂	预测工作区自然重砂异常图	1	1	1
	遥感	典型矿床遥感矿产地质特征与近矿找矿标志解译图	1	1	1
		预测工作区遥感矿产地质特征与近矿找矿标志解译图	1	1	1
		典型矿床遥感羟基异常分布图	1	1	1
		预测工作区遥感羟基异常分布图	1	1	1
		预测工作区遥感铁染异常分布图	1	1	1
合　计			34	34	34

表 2-14　萤石矿潜力评价成果图件及属性库

名称	专业	种　类	数据库/个	说明书/个	元数据/个
萤石矿	地质背景	预测工作区侵入岩岩浆构造图	1	1	1
	矿产及预测	典型矿床成矿要素图	1	1	1
		预测工作区区域成矿要素图	1	1	1
		省级区域成矿规律图	1	1	1
		省级矿产预测类型分布图	1	1	1
		典型矿床预测要素图	1	1	1
		预测工作区区域预测要素图	1	1	1
		预测工作区矿产预测类型预测成果图	1	1	1
		省级单矿种（组）预测成果图	1	1	1
		省级单矿种（组）勘查工作部署图	1	1	1
		省级单矿种（组）未来矿产开发基地预测图	1	1	1
	重力	预测工作区布格重力异常图	1	1	1
		预测工作区重力工作程度图	1	1	1
		预测工作区剩余重力异常图	1	1	1
		预测工作区重力推断地质构造图	1	1	1
	磁测	预测工作区磁法推断地质构造图	1	1	1
		预测工作区航磁 ΔT 等值线平面图	1	1	1
		预测工作区航磁 ΔT 化极垂向一阶导数等值线平面图	1	1	1
		预测工作区航磁 ΔT 化极等值线平面图	1	1	1
	化探	预测工作区单元素地球化学图	5	5	5
		预测工作区单元素地球化学异常图	5	5	5
		预测工作区地球化学综合异常图	1	1	1
		省级地球化学找矿预测图	1	1	1
	自然重砂	预测工作区自然重砂异常图	4	4	4
	遥感	典型矿床遥感矿产地质特征与近矿找矿标志解译图	1	1	1
		典型矿床遥感铁染异常分布图	1	1	1
		预测工作区遥感矿产地质特征与近矿找矿标志解译图	1	1	1
		预测工作区遥感羟基异常分布图	1	1	1
		预测工作区遥感铁染异常分布图	1	1	1
合　计			40	40	40

表 2-15　硫矿潜力评价成果图件及属性库

名称	专业	种　　类	数据库/个	说明书/个	元数据/个
硫矿	地质背景	预测工作区变质建造构造图	1	1	1
		预测工作区侵入岩岩浆构造图	1	1	1
	矿产及预测	典型矿床成矿要素图	2	2	2
		预测工作区区域成矿要素图	2	2	2
		省级区域成矿规律图	1	1	1
		省级矿产预测类型分布图	1	1	1
		典型矿床预测要素图	2	2	2
		预测工作区区域预测要素图	2	2	2
		预测工作区矿产预测类型预测成果图	2	2	2
		省级单矿种（组）预测成果图	1	1	1
		省级单矿种（组）勘查工作部署图	1	1	1
		省级单矿种（组）未来矿产开发基地预测图	1	1	1
	重力	预测工作区布格重力异常图	2	2	2
		预测工作区剩余重力异常图	2	2	2
		预测工作区重力推断地质构造图	2	2	2
		预测工作区重力工作程度图	2	2	2
	磁测	预测工作区航磁 ΔT 等值线平面图	2	2	2
		预测工作区航磁 ΔT 化极等值线平面图	2	2	2
		预测工作区航磁 ΔT 化极垂向一阶导数等值线平面图	2	2	2
		预测工作区地磁等值线平面图	2	2	2
		预测工作区地磁化极垂向一阶导数等值线平面图	2	2	2
		预测工作区地磁化极等值线平面图	2	2	2
		预测工作区磁法推断地质构造图	2	2	2
	化探	典型矿床所在位置区域化探异常特征图	1	1	1
		典型矿床单元素地球化学异常图	5	5	5
		预测工作区单元素地球化学图	11	11	11
		预测工作区单元素地球化学异常图	11	11	11
		预测工作区地球化学综合异常图	2	2	2
		省级地球化学找矿预测图	1	1	1
	自然重砂	预测工作区自然重砂异常图	9	9	9
	遥感	典型矿床遥感矿产地质特征与近矿找矿标志解译图	1	1	1
		典型矿床遥感羟基异常分布图	1	1	1
		典型矿床遥感铁染异常分布图	1	1	1
		预测工作区遥感矿产地质特征与近矿找矿标志解译图	2	2	2
		预测工作区遥感羟基异常分布图	2	2	2
		预测工作区遥感铁染异常分布图	2	2	2
合　　计			88	88	88

表 2-16　重晶石矿潜力评价成果图件及属性库

名称	专业	种　　类	数据库/个	说明书/个	元数据/个
重晶石矿	地质背景	预测工作区变质建造构造图	2	2	2
		预测工作区地貌与第四纪地质图	2	2	2
	矿产及预测	典型矿床成矿要素图	3	3	3
		预测工作区区域成矿要素图	3	3	3
		省级单矿种（组）区域成矿规律图	1	1	1
		省级矿产预测类型分布图	1	1	1
		典型矿床预测要素图	3	3	3
		预测工作区区域预测要素图	3	3	3
		预测工作区矿产预测类型预测成果图	3	3	3
		省级单矿种（组）预测成果图	1	1	1
		省级单矿种（组）勘查工作部署图	1	1	1
		省级单矿种（组）未来矿产开发基地预测图	1	1	1
	重力	预测工作区布格重力异常图	3	3	3
		预测工作区剩余重力异常图	3	3	3
		预测工作区重力推断地质构造图	3	3	3
		预测工作区重力工作程度图	3	3	3
	磁测	预测工作区航磁 ΔT 等值线平面图	3	3	3
		预测工作区航磁 ΔT 化极垂向一阶导数等值线平面图	3	3	3
		预测工作区航磁 ΔT 化极等值线平面图	3	3	3
		预测工作区地磁等值线平面图	1	1	1
		预测工作区地磁化极垂向一阶导数等值线平面图	1	1	1
		预测工作区地磁化极等值线平面图	1	1	1
		预测工作区磁法推断地质构造图	3	3	3
	化探	典型矿床所在位置区域化探异常特征图	2	2	2
		典型矿床单元素地球化学异常图	7	7	7
		预测工作区单元素地球化学图	14	14	14
		预测工作区单元素地球化学异常图	14	14	14
		预测工作区地球化学综合异常图	3	3	3
		省级地球化学找矿预测图	1	1	1
	自然重砂	预测工作区自然重砂异常图	11	11	11
	遥感	典型矿床遥感矿产地质特征与近矿找矿标志解译图	1	1	1
		典型矿床遥感羟基异常分布图	1	1	1
		预测工作区遥感矿产地质特征与近矿找矿标志解译图	3	3	3
		预测工作区遥感羟基异常分布图	3	3	3
		预测工作区遥感铁染异常分布图	3	3	3
合　　计			114	114	114

表 2-17　磷矿潜力评价成果图件及属性库

名称	专业	种　类	数据库/个	说明书/个	元数据/个
磷矿	地质背景	预测工作区沉积建造构造图	1	1	1
	矿产及预测	典型矿床成矿要素图	1	1	1
		预测工作区区域成矿要素图	1	1	1
		省级单矿种（组）区域成矿规律图	1	1	1
		省级矿产预测类型分布图	1	1	1
		典型矿床预测要素图	1	1	1
		预测工作区区域预测要素图	1	1	1
		预测工作区矿产预测类型预测成果图	1	1	1
		省级单矿种（组）预测成果图	1	1	1
		省级单矿种（组）勘查工作部署图	1	1	1
		省级单矿种（组）未来矿产开发基地预测图	1	1	1
	重力	预测工作区重力推断地质构造图	1	1	1
		预测工作区剩余重力异常图	1	1	1
		预测工作区布格重力异常图	1	1	1
		预测工作区重力工作程度图	1	1	1
	磁测	预测工作区磁法推断地质构造图	1	1	1
		预测工作区航磁 ΔT 等值线平面图	1	1	1
		预测工作区航磁 ΔT 化极垂向一阶导数等值线平面图	1	1	1
		预测工作区航磁 ΔT 化极等值线平面图	1	1	1
	遥感	预测工作区遥感矿产地质特征与近矿找矿标志解译图	1	1	1
		预测工作区遥感羟基异常分布图	1	1	1
		预测工作区遥感铁染异常分布图	1	1	1
合　计			22	22	22

第三节　成果集成建库成果

基于省级矿产资源潜力评价资料性成果汇总建库管理系统（GeoPEX），完成了海南省矿产资源潜力评价成果集成数据库建设，涵盖了成矿地质背景、成矿规律与矿产预测等 7 个课题的基础编图成果和铁、铜、金等矿种潜力评价成果，实现了省级矿产资源潜力评价数据成果的一体化管理，为海南省矿产资源潜力评价数据成果的社会化服务奠定了基础。

通过海南省矿产资源潜力评价数据库建设和成果汇总集成等工作，促进了地学信息技术的全面推广应用，培养了一批地理信息技术和地学数据库建设方面的人才。

第三章　地学数据库现状

本章主要介绍海南省截至2007年各类基础地学数据库的建设情况和现状。

第一节　地质工作中计算机技术应用简介

20世纪90年代伊始，随着计算机技术的发展，海南省地质领域开始应用计算机进行数据计算，如在岩矿石测试数据处理，物化探数据的多元统计分析、处理和绘图，钻孔图件自动绘制，资源储量计算等方面，都开始应用了计算机运算技术。但受限于当时的计算机技术发展水平、设备价格和应用能力等因素，计算机技术的应用并不普及，应用水平仍处于较低层次。

1993年，海南省地质矿产勘查开发局引进中国地质大学开发的MapCAD软件用于数字化制图，之后计算机制图技术逐步得到推广，从开始使用数字化仪进行纸质图件数字化，很快就过渡到采用大幅面扫描仪进行扫描后矢量化的方法来编制数字图件，制图精度大大提高。2000年后，用曲线笔、植字剪贴等手段在聚酯薄膜上绘图的传统手工绘图方法基本不再采用，普遍采用了计算机制图，使用的软件主要有MapCAD、MapGIS、AutoCAD等。随着计算机技术的发展，2005年后，地质调查野外数据采集、室内整理和成果输出的主流程信息化逐步在本省推广。

第二节　地学数据库建设概况

随着计算机技术的发展，海南省逐步开启了地学数据库建设工作。

1998年，海南省第一个地学数据库——海南省1∶50万数字地质图数据库由海南省地质矿产勘查开发局基于MapGIS 5.0建成。

1999年新一轮地质调查工作开展以来，中国地质调查局围绕数字国土工程总体目标的实现，部署开展了一批全国性地质调查信息化工作，基本完成了面向地质调查和社会利用的30余个系列化区域地质、区域水工环地质、矿产勘查、区域地球物理、区域地球化学、遥感影像等专业数据库，以及地质调查工作程度数据库、成果资料数据库、情报文献数据库等，形成了完善的地质调查基础数据库体系。

根据全国统一部署，海南省对新中国成立后几十年积累的大量地质工作资料进行了数字化和数据库建设，先后完成了本省1∶20万数字地质图空间数据库、矿产地数据库、自然重砂数据库、同位素地质测年数据库、1∶20万区域地球化学数据库（39个元素）、地质工作程度数据库、地层数据库、矿产储量数据库以及部分水文地质工程地质环境地质专业数据库等。2005年开始的海南省1∶5万数字地质图空间数据库回溯性建库，截至本次潜力评价工作开始（2007年6月），已完成了11个1∶5万标准图幅的建库工作。

此外，1999年新一轮地质调查工作开展后，根据各自项目要求建成的地学数据库还有海南省1∶50

万环境地学数据库（海南省地质环境监测总站，2001）、海南省 1∶25 万国土资源遥感综合调查数据库（海南省地质调查院，2004）、海口市城市环境地质遥感调查数据库（海南省地质调查院，2004）等。

从 2002 年开始，海南省全省地质资料馆分批对馆藏纸质成果地质资料进行扫描数字化，并由海南省国土环境资源厅信息中心开展扫描成果地质资料图文数据库建设。

此外，全国区域重力数据库（中国地质调查局发展研究中心、陕西第二物探大队，2003）、航磁数据库（中国国土资源航空物探遥感中心，2003）、遥感影像图数据库（中国国土资源航空物探遥感中心，2005）、全国二轮区划数据库（中国地质科学院矿产资源研究所区划室，2001—2004）、全国航空电磁数据库，全国航空放射性数据库等也涉及本省范围。

上述数据库构成了较为完整的海南省地学数据库体系（图 3-1）。

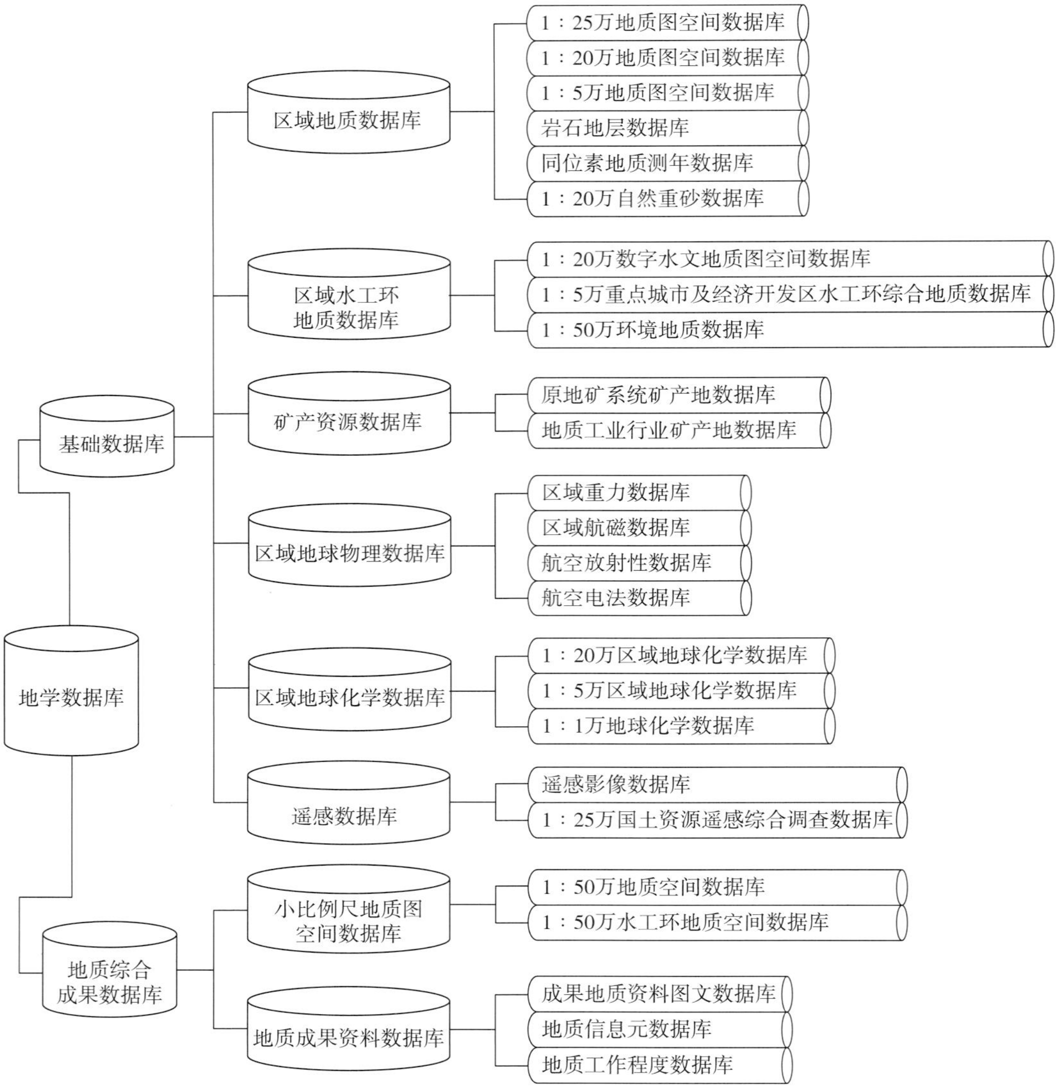

图 3-1　海南省地学数据库体系结构

地学数据库体系的建成和 GIS 技术应用的迅猛发展，使本轮矿产资源潜力评价全面、全过程地应用 GIS 技术成为可能。全面、全过程地应用 GIS 技术进行矿产预测，是本次评价工作的一大特点。可见，基础地学数据库是本次潜力评价工作的基础，对基础地学数据库的维护整理是数据应用和开展矿产资源潜力预测的基础。因此，对相关地学数据库现状调研显得十分重要，也是做好数据库维护工作的前提。

以下详细介绍矿产资源潜力评价工作开展前相关地学数据库的情况。

第三节 1∶50万数字地质图数据库

一、建设情况

“中华人民共和国1∶50万数字地质图数据库”项目是原国家计委和原地质矿产部共同立项，由原地质矿产部组织实施的国家项目。数据库由数字地质图库和地理底图库构成，数据量约1.0GB，是地学领域覆盖全国的大型地质数据库。该库是以国产软件MapGIS作为输入数据、矢量化、编辑、建库及运行基础平台。编制了全国、分省及国际分幅的元数据库，为数据上网在更大的范围内实现数据共享奠定了基础。该数据库于1999年12月28日在北京通过了由多位院士和专家组成的鉴定委员会的鉴定，随后数据库向社会分发使用。

海南省1∶50万数字地质图数据库是“中华人民共和国1∶50万数字地质图数据库”项目“地质编图”课题的一个专题，由海南省地质矿产勘查开发局于1998年建成，编图过程采用了MapGIS 5.0平台计算机辅助成图，成图精度高，质量好。所有地质体的面元及线元、同位素年龄和钻孔数据都建立了相应的属性库，并将之与图形挂接，形成了地质图空间数据库，是海南省第一份应用GIS技术的数字地质图成果。

二、数据库现状

海南省1∶50万数字地质图数据库是在原海南省1∶50万地质图基础上，收集利用了1∶20万和1∶5万区调成果、片区总结成果和有关科研成果资料，采用现代地质学、地层学、岩石学等新理论和方法，按岩石地层单位和时代加岩性划分的侵入岩单位编制而成。数据库表示了岩石地层单位80个，侵入体时代加岩性单位66个，1∶20万区调图幅中厘定的断裂构造全部予以表示，还收录有同位素年龄数据和岩芯钻孔数据，内容丰富，信息量大，提高了基础地质的研究程度，也反映了当时海南省基础地质研究的最新水平。

向社会分发使用的“中华人民共和国1∶50万地质图库管理系统”可实现按行政区范围、国际分幅、经纬度范围和任意多边形等方种方式的图形提取，以及不同地质、地理内容等属性的分类检索和从属性库自动生成图例的功能，在自动编图、制图方面有创新。

数据库现状信息详见表3-1。

表3-1 海南省1∶50万数字地质图数据库现状

序号	现状大类	现状子类	现状内容
1	数据库基本情况	数据库名称	海南省1∶50万数字地质图数据库
		数据库主要内容	由地质图库和地理图库构成，涉及水系、境界、地层、火山岩、侵入岩、断层、构造、钻孔等多种相关信息
		数据库类型/形式	MapGIS文件集（带属性的矢量数字地图）
		数据库主要格式	中地 MapGIS 5.*
		数据库建库标准	地矿部地勘司地地函〔1997〕20号文；钻孔、同位素等属性格式标准
		采用元数据标准	《地质信息元数据标准》（中国地质调查局，2005）（元数据最后更新采用的标准）

序号	现状大类	现状子类	现状内容
1	数据库基本情况	数据量	地质图库表示了岩石地层单位 80 个；侵入体时代加岩性单位 66 个；1∶20 万区调图幅中厘定的断裂构造全部予以表示，其中属于区域性的重要断裂共 27 条；同位素年龄数据 48 个；岩芯钻孔数据 2 个。总数据量 15MB
		空间数据的覆盖范围、比例尺、坐标参数	坐标范围 18.15°—20.16°N、108.6°—111.04°E，1∶50 万，北京坐标系，高斯-克吕格投影、6 度带、中央经线 111°
		数据密级	公开
		数据库数据覆盖专业名称	地质、区域地质
		数据库建设起止时间、负责人、主要技术人员	1997—1998 年，负责人黄香定，主要技术人员陈哲培、钟盛中、何圣华
		数据库维护历史记录、负责人、主要技术人员	2006 年前未更新
		数据库更新方式	根据需要更新
		数据库数据或原始资料源头	在原《海南省 1∶50 万地质图》《海南省区域地质志》附图基础上，收集利用海南岛 1∶20 万地质图 2 幅，1∶5 万区域地质调查图幅 34 幅及 1∶10 万海口地区片区地质图的新资料（图 3-2），并充分吸收有关科研成果资料 14 项编制而成。地层使用了全国岩石地层单位清理成果，按岩石地层单位表示，侵入岩单位以时代加岩性划分
		数据库管理具体单位	海南省地质局
		数据库存放具体单位	海南省地质局
		数据库的用户群	海南省地质局下属单位、矿政管理部门等
		数据库应用状况描述	已应用于国土资源大调查中的地质调查项目的立项、设计和实施；应用于政府行政管理、编制各类规划等方面
		数据库存在的主要问题描述	编图引用的地质图之间存在局部无法接边的情况，只能暂以图幅边界作为地质体边界
		数据库其他情况描述	1999 年 12 月《全国 1∶50 万数字地质图数据库》通过由院士组成的鉴定委员会验收
2	数据库管理系统运行环境	数据库运行的硬件环境	PC 计算机：CPU 550MHz 以上、内存不低于 128MB、显示器分辨率 800×600 以上彩显、硬盘空间约 80MB，正常运行需 500MB 硬盘空间
		数据库运行的操作系统	操作系统 MS Windows 98；软件环境：中地 MapGIS 5.32
		使用的数据库系统	MapGIS 内置数据库
		与其他相关应用系统的关系	无
3	数据库管理系统体系结构	数据库管理系统的体系结构图	见图 3-3
		数据库管理系统的高层流程图	见图 3-4

续表

序号	现状大类	现状子类	现状内容
4	数据库 管理系统功能	数据库管理系统的 主要功能描述	系统功能分为图库管理、查询检索、自动成图和辅助工具4部分。 ①空间范围检索可按省、地区、县、矩形、任意多边形以及按1：5万~1：100万6种比例尺的标准图幅进行检索，每种检索又提供了不同的表达方式；②在空间范围检索基础上可按逻辑分层、年代地层、岩石类型、成因类型、地质界线、断层、同位素年代、钻孔、火山等9大类进行地质要素的检索，每类地质要素又可以进行细分；③地理内容可按居民地、河流、湖泊、界线、交通、文化要素、海洋要素等以菜单方式分级别选取检索。④自动成图和辅助工具可根据某一空间范围内检索结果自动生成图例，图例位置能自由选择，并有加注释功能
5	数据库概念模型	数据库概念模型	见图3-5

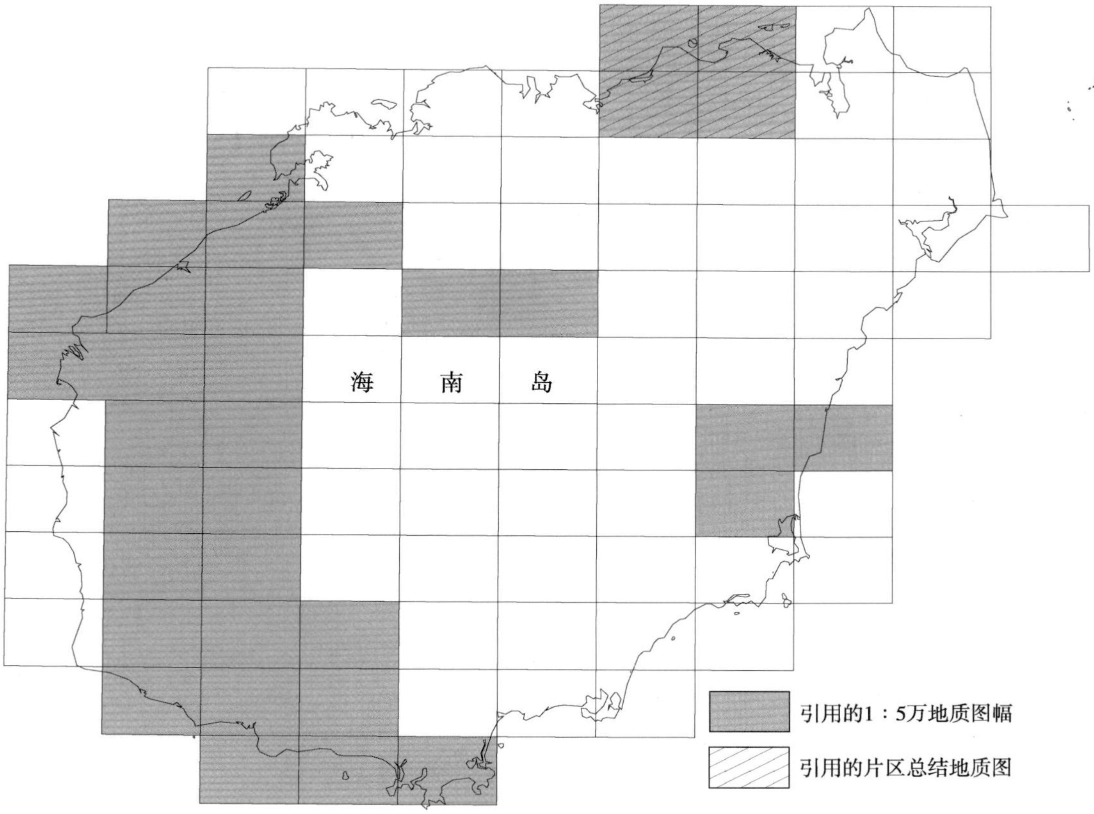

图3-2　1：50万地质图编图引用的地质图分布示意

第四节　1：20万数字地质图空间数据库

一、建设情况

海南省1：20万数字地质图空间数据库为海南省地质调查院依据中国地质调查局下达的工作任务建成，建库时间为1999—2002年，资料截止时间为1999年。该库是在《1：20万海南岛地质图》基础上，收集利用了38幅1：5万区域地质图成果，采用现代地质学、地层学、岩石学等新理

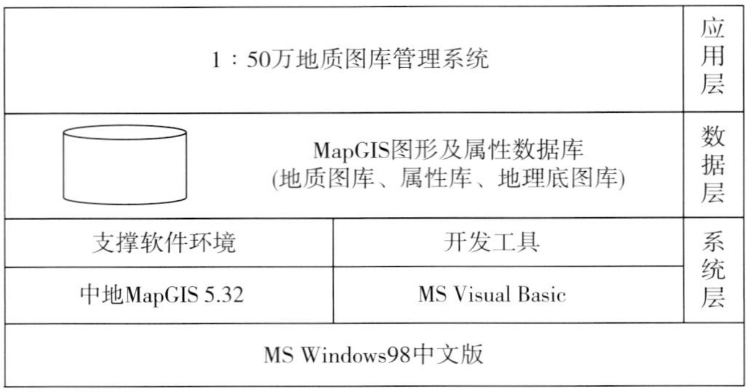

图 3-3　1：50 万地质图库管理系统总体框架

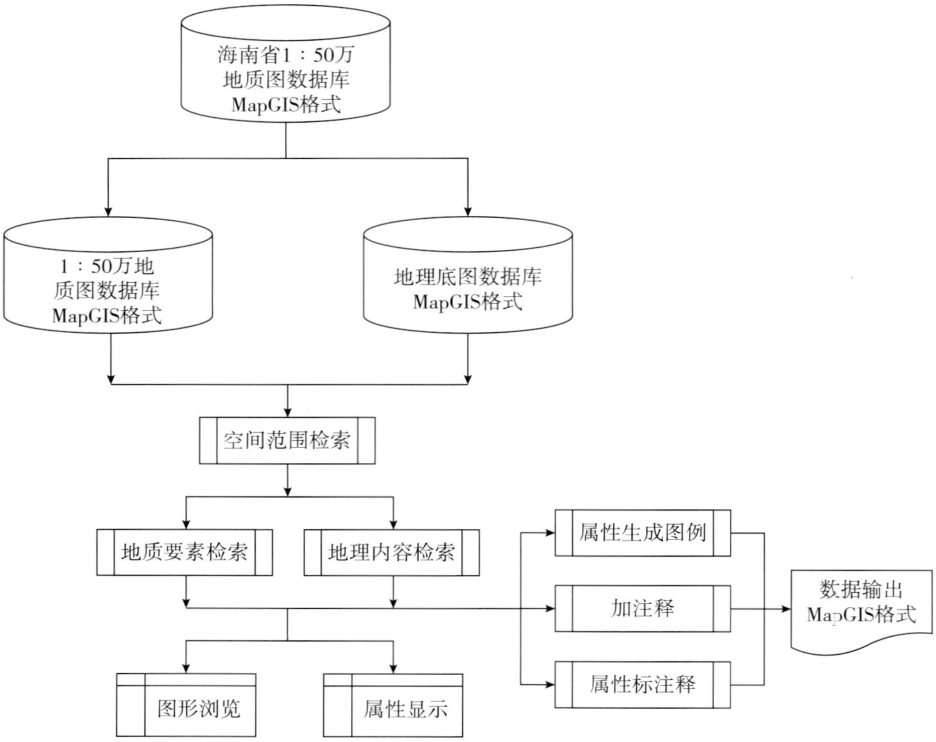

图 3-4　1：50 万地质图库管理系统高流程图

论和方法，按岩石地层单位、侵入岩按时代加岩性单位编制而成。地层内容采用了最新地层清理的成果。该库涉及 11 个 1：20 万图幅分幅，范围涵盖了整个海南岛。建库平台为中地 MapGIS 6.1。

海南省 1：20 万数字地质图空间数据库通过中国地质调查局组织的审查验收，数据质量良好。2002 年建成后未更新。

海南省 1：20 万数字地质图空间数据库属全国 1：20 万数字地质图空间数据库建设工作的分省成果。中国地质调查局在全国 1：20 万地质图空间数据库汇总阶段，按照 ArcSDE 数据库中的要素类的定义和划分原则将 1：20 万数字地质图信息数据划分为 31 个要素类（Feature Class），再根据这些要素类平面拓扑关系和地质、地理含义，逻辑地将所有地质地理要素划分为地质、构造、脉岩、混合岩化与变质相带、水系、围岩蚀变、矿产与其他共 8 个数据集（Dataset），最终形成 4 个数据集，即主要地质体数据集、辅助地质体数据集、其他数据集和地理数据集，详细的要素类和数据集划分见图 3-6。

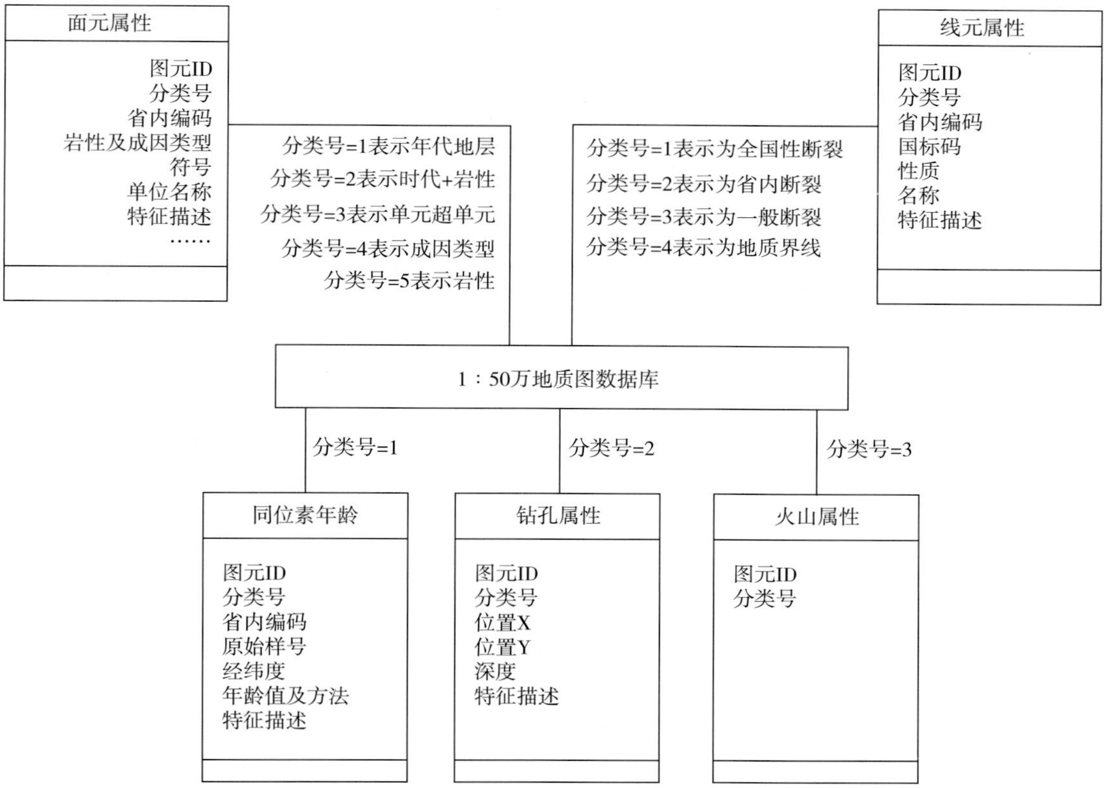

图 3-5　1：50 万地质图数据库实体关系图

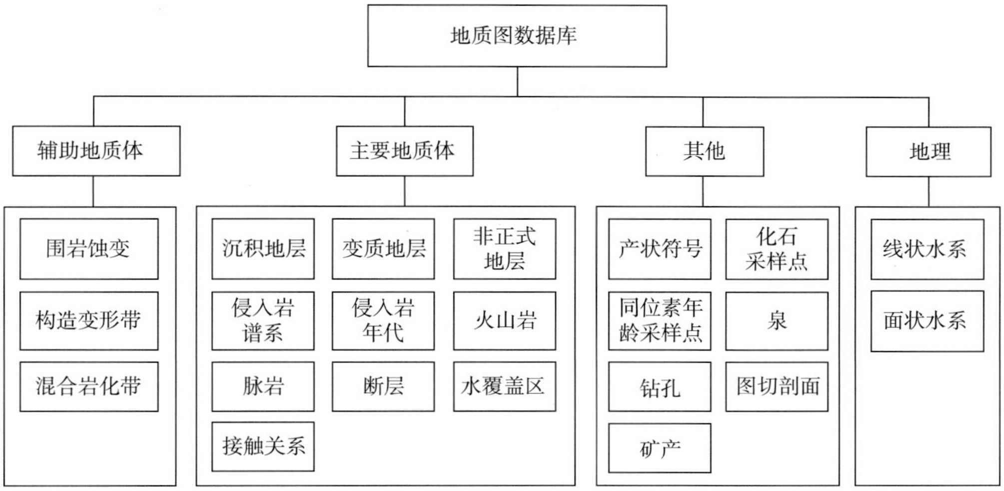

图 3-6　全国数据汇总阶段数据集划分

全国 1：20 万数字地质图空间数据库汇总时开发了《1：20 万地质图空间数据库数据分发和管理系统》。该系统基于 ArcSDE 技术和面向对象的 GeoDatabase 数据模型，采用 C/S 体系结构，综合 GIS 技术、关系数据库管理（RDBMS）技术以及计算机网络技术的系统开发技术路线。应用面向对象的编程方法，利用 VBA for ArcInfo 做二次开发（ArcMap 的定制），实现全国 1：20 万数字地质图空间数据库的综合管理、数据查询检索及输出功能。该系统仅用于中国地质调查局信息服务部门的信息服务工作，未分发给各省（区、市）使用。

二、数据库现状

海南省 1：20 万数字地质图空间数据库提供了海南省开展 1：20 万区域地质调查工作所形成的水系、地层、火山岩、侵入岩、断层、构造、钻孔等相关信息，同时拥有光栅地质图、矢量化地质图、基于 GIS 的数字地质图和数字地质图空间数据库 4 种数据产品。提交的数据包括 MapGIS、ArcInfo 图层文件以及 E00 多种格式，空间数据坐标系统包括毫米单位高斯投影和以度、秒为单位的无投影地理坐标系以及元文件、图示图例库等数据。数据库现状信息详见表 3-2。

表 3-2　海南省 1：20 万数字地质图空间数据库现状

序号	现状大类	现状子类	现状内容
1	数据库基本情况	数据库名称	海南省 1：20 万数字地质图空间数据库
		数据库主要内容	涉及 11 个 1：20 万图幅分幅，范围涵盖了整个海南岛，共表示沉积地层单位 23 个图例，火山沉积地层单位 3 个图例，变质岩系地层单位 18 个图例，非正式地层单位 5 个图例，侵入岩时代加岩性单位 76 个图例，区域性重要断裂 27 条，同位素地质年龄数据 153 个（组）。实体要素类型有图幅角点、矿产地、产状、同位素年龄采样点、火山口、泉点、化石采样点、水体、地层、侵入体、岩脉、围岩蚀变、构造变形带、图幅基本信息、河流/海岸线、地质界线、断裂构造等。所有要素均建立了相应的属性数据
		数据库类型/形式	MapGIS 文件集+ArcInfo 文件集
		数据库主要格式	中地 MapGIS 6. 1；DBF 3. 0；ESRI ArcInfo 3. 0
		数据库建库标准	《地质图空间数据库建设指南》2. 0 版（中国地质调查局，2001）
		采用元数据标准	（1）省级建库阶段：地矿部地质调查局工作标准《GIS 图层描述数据内容标准》（DDB 9702）（版本号 1. 0）； （2）全国数据库综合处理阶段：中国地质调查局工作标准《地质调查元数据内容与结构标准》
		数据量	数据库包括光栅地质图、矢量化地质图、基于 GIS 的数字地质图和 MapGIS、ArcInfo、E00 格式数字地质图空间数据库共 4 种数据产品，以及元文件、图示图例库等数据。数据量为 411MB
		空间数据的覆盖范围、比例尺、坐标参数	坐标范围 18. 15°—20. 16°N、108. 6°—111. 04°E，1：20 万，北京坐标系，高斯-克吕格投影、6 度带、中央经线 111°
		数据密级	秘密
		数据库数据覆盖专业名称	地质、区域地质
		数据库建设起止时间、负责人、主要技术人员	1999—2001 年，负责人何国伟，主要技术人员王宜合、陈朝兰、卓耀青、符策锐
		数据库维护历史记录、负责人、主要技术人员	2006 年前未更新
		数据库更新方式	日常式更新
		数据库数据或原始资料源头	《1：20 万海南岛地质图》及说明书、1：5 万地质图 38 幅及区域地质调查报告、说明书等；按岩石地层单位、侵入岩按时代加岩性单位编制而成。地层内容采用了最新地层清理成果

续表

序号	现状大类	现状子类	现状内容
1	数据库基本情况	数据库管理具体单位	海南省地质调查院
		数据库存放具体单位	海南省地质调查院
		数据库的用户群	地质行业
		数据库应用状况描述	已应用于地质工作管理决策、项目立项、资源评价工作部署、矿产资源规划等方面
		数据库存在的主要问题描述	未开展1∶5万区域地质调查的区域仍采用原1∶20万区调地质图和报告，其图件存在资料陈旧、过时等因素，不利于再被引用
		数据库其他情况描述	2001年通过中国地质调查局验收。《全国1∶20万数字地质图数据库》2002年9月11日通过由3位院士参加的专家组评审，获得优秀成绩，2004年获国土资源部“国土资源科学技术二等奖”
2	数据库管理系统运行环境	数据库运行的硬件环境	服务器端：至少PⅢ500 CPU、512MB内存、100GB可用硬盘空间；客户端：PⅢ以上系列微机，至少512MB内存、1000MB硬盘空间
		数据库运行的操作系统	服务器端：MS Windows NT 4.0 SP6a或MS Windows 2000 Server SP2及以上；客户端：MS Windows 2000
		使用的数据库系统	SQL Server 2000 + ArcSDE 8.1
		与其他相关应用系统的关系	无
3	数据库管理系统体系结构	数据库管理系统的体系结构图	1∶20万地质图空间数据库数据分发和管理系统，见图3-7
		数据库管理系统的高层流程图	见图3-8
4	数据库管理系统功能	数据库管理系统的主要功能描述	系统提供了数据管理、图形浏览、空间数据查询、属性查询、元数据查询、数据输出等功能；检索方式丰富；空间查询和属性查询结果以ShapeFile文件格式输出（图3-8）
5	数据库概念模型	数据库概念模型	见图3-9

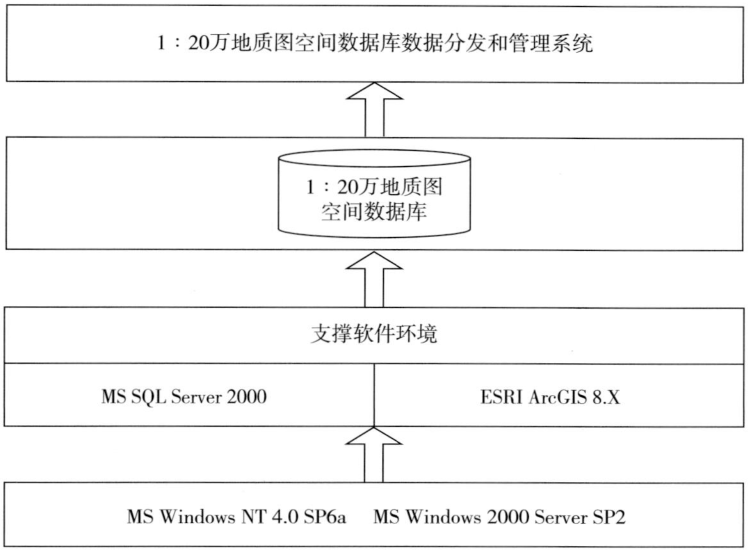

图3-7　1∶20万地质图空间数据库数据分发和管理系统体系图

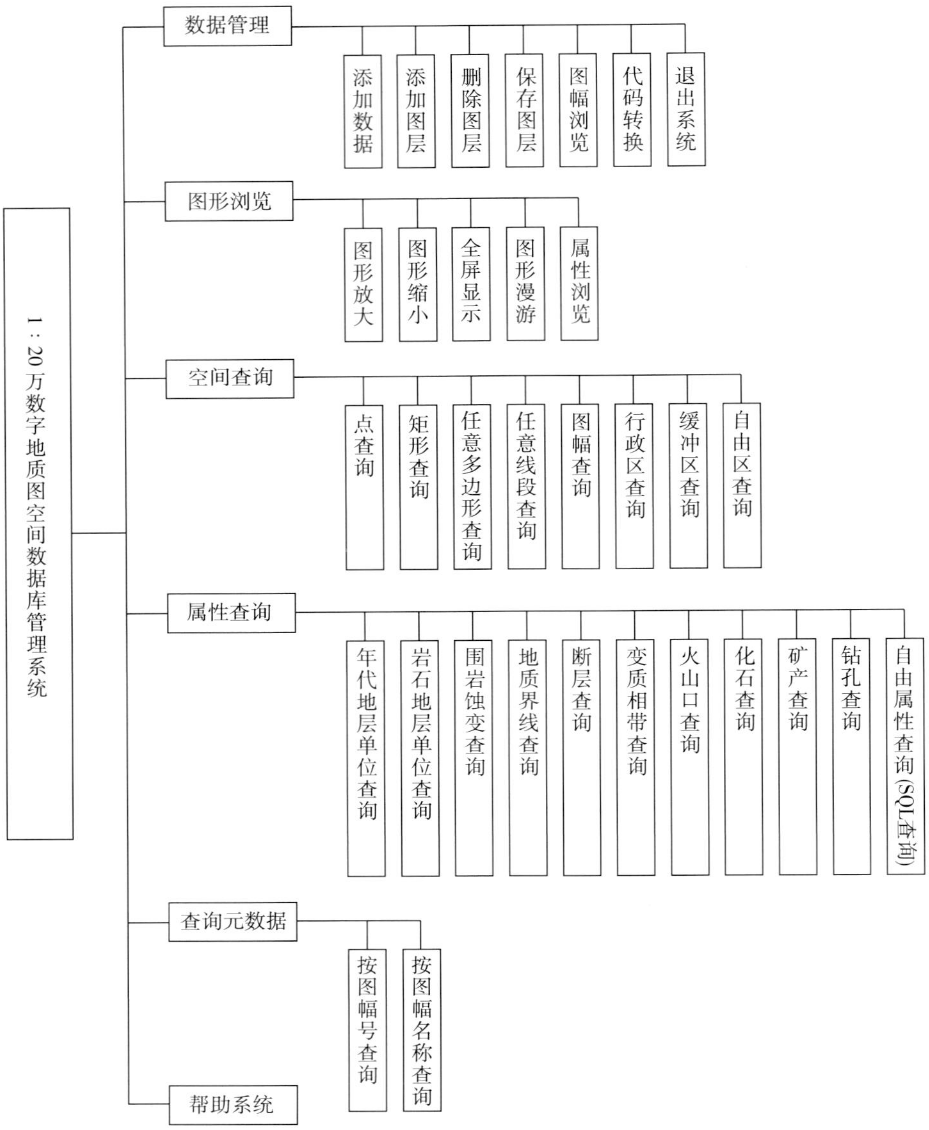

图 3-8　1：20 万地质图空间数据库数据分发和管理系统功能框架图

第五节　矿产地数据库

一、建设情况

海南省矿产地数据库 1999—2000 年由海南省地质调查院建成，2000 年底通过中国地质调查局验收。该数据库主要基于本省原地矿系统开展工作所形成的资料，共收录全省 89 个大中型矿产地资料，涉及矿产地基本情况、矿区地质情况、矿体特征、矿产储量、选矿试验、矿产工作概况等 9 类数据（MS Access 97 格式），另收录有本省 10 个典型矿床的矿区交通位置图、矿区地质图、储量计算平面图和剖面图（MapGIS 5.32 矢量图或 JPG 扫描图格式），资料截止时间为 1999 年。

海南省地质调查院于 2001—2002 年、2003—2004 年分两次进行了数据库维护更新，资料截止

注：数据库采用无直接关联关系的图层模型，图层之间只保留数据在空间位置上的一致性，没有建立内在的联系。

图 3-9　1：20 万地质图空间数据库实体 E-R 图

时间为 2004 年 10 月。维护后的数据库共收录海南本省矿产地数为 237 处，其中超大型矿床 4 处，大型矿床 15 处，中型矿床 27 处，小型矿床 87 处，矿点及矿化点 104 处。2004 年后该数据库未进行过维护更新。

2007 年开展潜力评价工作时，中国地质调查局分发的海南省矿产地数据库中增加、整合了有色、建材、黄金部队等行业地质勘查单位在本省区域开展矿产地工作的成果，但未收录 2001—2002 年、2003—2004 年数据库维护新增的数据。

由于不同行业系统的单位在同一矿区开展工作的四至范围不完全一致，并且矿区名称也不同，造成了分发的海南省矿产地数据库中出现了同一矿产地有多条记录的情况。

二、数据库现状

数据库现状信息详见表 3-3。

表 3-3　海南省矿产地数据库现状

序号	现状大类	现状子类	现状内容
1	数据库基本情况	数据库名称	海南省矿产地数据库
		数据库主要内容	共收录有海南省矿产地数158处（Access格式）以及矿区交通位置图、矿区地质图、勘探剖面图、储量计算平面图、成矿模式图等（JPG及MapGIS格式）。数据库内容涉及矿区基本信息、矿区地质特征、矿体地质特征、储量、选矿及开采情况、矿区工作概况等
		数据库类型/形式	Access+MapGIS文件集+JPG文件集
		数据库主要格式	MS Access 97格式
		数据库建库标准	《矿产地数据库建设工作指南》（中国地质调查局，2001）
		采用元数据标准	《地质调查元数据内容及结构标准》（中国地质调查局，2001）
		数据量	收录海南省矿产地数158处（超大型矿床10处、大型矿床18处，中型矿床33处，小型矿床89处，矿点及矿化点11处）以及矿区交通位置图、矿区地质图、勘探剖面图、储量计算平面图、成矿模式图等，总数据量564MB
		空间数据的覆盖范围、比例尺、坐标参数	矿产地点位图：坐标范围18.15°—20.16°N、108.6°—111.04°E，经纬度坐标系，高斯-克吕格投影、6度带、中央经线111°
		数据密级	秘密
		数据库数据覆盖专业名称	地质、矿产地质
		数据库建设起止时间、负责人、主要技术人员	1999—2000年建成，负责人吴丹，主要技术人员黄宏书、吴炜、陈育文
		数据库维护历史记录、负责人、主要技术人员	2001—2002年、2003—2004年分两次进行了数据库维护更新，资料截止时间为2004年10月，维护单位为海南省地质调查院，负责人何国伟，主要参与人员卢章达等
		数据库更新方式	资料收集→卡片填写→代码替换→数据录入→数据检查→成果提交；不定期更新
		数据库数据或原始资料源头	数据源于本省馆藏地质资料
		数据库管理具体单位	海南省地质调查院
		数据库存放具体单位	海南省地质调查院
		数据库的用户群	单位内部、系统内单位
		数据库应用状况描述	2001年编制《海南省矿产资源总体规划（2001—2010）》得到应用
		数据库存在的主要问题描述	为了保持原始数据的原貌，部分数据内容采用了文本，不符合《矿产地数据库建设工作指南》要求，有的内容也超过了规定的字节长度。矿产储量的计量单位不统一。部分共（伴）生矿产地按矿种分为多个矿产地入库。标准代码库不能完全满足建库要求。缺少反映数据项维护更新情况记录项。矿体特征数据表的属性项过少，导致无法反映共（伴）生矿的信息，且某些属性字段只能填写字符型，不便于查询、检索，实际应用时还要另行整理，影响使用效率。维护更新只增加Access数据库记录，没有矿产地图片内容
		数据库其他情况描述	无

续表

序号	现状大类	现状子类	现状内容
2	数据库管理系统运行环境	数据库运行的硬件环境	最低配置：PIII450 以上 PC 计算机、笔记本电脑，内存 128MB
		数据库运行的操作系统	MS Windows 2000/XP
		使用的数据库系统	MS Access 2000
		与其他相关应用系统的关系	无
3	数据库管理系统体系结构	数据库管理系统的体系结构图	全国矿产地数据库应用系统（KCD 1.0），见图 3-10
		数据库管理系统的高层流程图	见图 3-11
4	数据库管理系统功能	数据库管理系统的主要功能描述	《全国矿产地数据库应用系统（KCD 1.0）》主要用于矿产地数据的查询检索和数据提取等工作，划分为 8 大功能模块：①数据库管理功能；②按用户需求建立的查询、检索系统；③空间分析功能，按一定数据格式将数据查询结果和进行简单空间分析结果的输出（数据报表和矿产分布示意图）；④数据库动态编辑维护系统；⑤数据库查询结果输出功能；⑥建立用户档案和分级管理的使用权限系统以及数据维护权限系统；⑦系统帮助功能，为用户提供系统功能的使用说明；⑧多媒体演示功能，实现典型矿区有代表性的图片和音像资料（音频和视频）的浏览和播放
5	数据库概念模型	数据库概念模型	见图 3-12

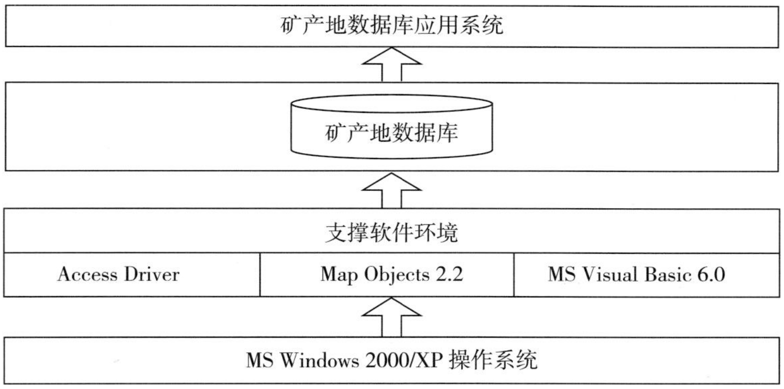

图 3-10　矿产地数据库管理系统总体框架图

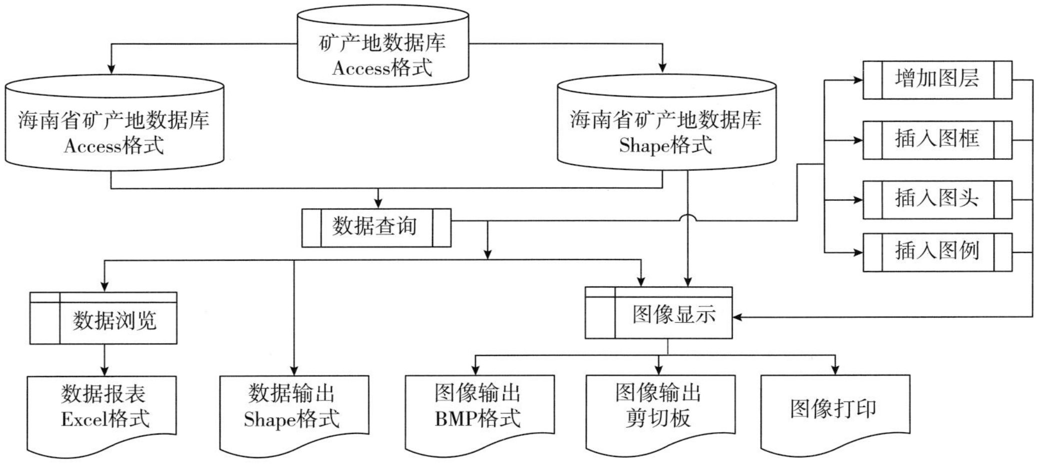

图 3-11　矿产地数据库管理系统高层流程图

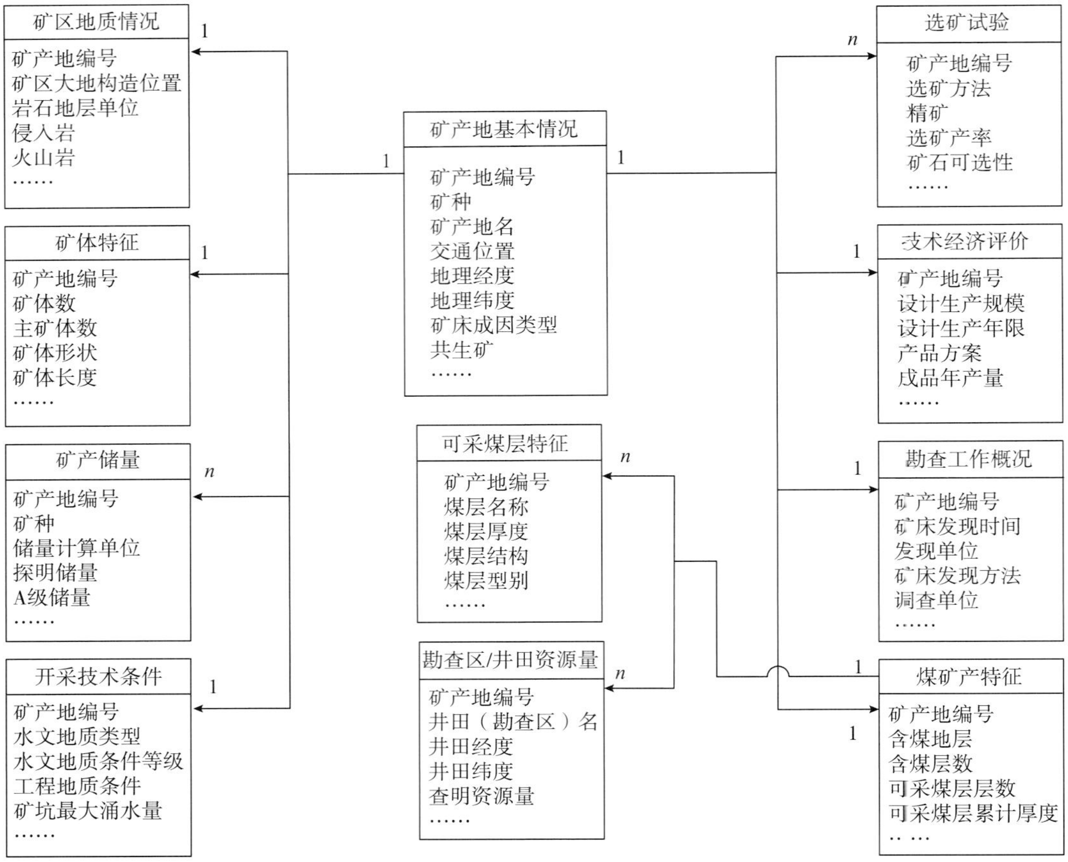

注：“可采煤层特征表、勘查区/井田资源量表”为《矿产地数据库建设工作指南》(2001年版)修订后新增。

图 3-12　矿产地数据库实体关系图

第六节　自然重砂数据库

一、建设情况

2000 年中国地质调查局在国土资源大调查数字国土工程项目中部署了自然重砂数据库建设工作，由各省（区、市）分别负责各自行政区的建库。海南省自然重砂数据库建设由海南省地质调查院承担，历时 4 年，于 2004 年完成，2005 年通过了中国地质调查局验收。数据库收录的自然重砂数据信息包括所在图幅基本信息数据、样品基本信息数据、自然重砂鉴定结果数据等。

自然重砂采样点位通过“重砂样品点位图扫描→矢量化→图形校正→投影转换→提取地理坐标”的方法获得，并建立自然重砂点位图形数据库。样品基础数据则翻阅自然重砂鉴定报告、送样单等资料填写卡片，并录入 Access 形成自然重砂数据库。点位图形数据库和自然重砂数据库通过样品统一编号建立关联，形成本省自然重砂地理信息数据库。

自然重砂鉴定报告中有关重砂矿物含量为“几颗、微量、个别颗粒、十多颗、3～4 颗”等不定量值或区间值的鉴定记录，数据库中按统一标准进行量化处理。

二、数据库现状

海南省自然重砂数据库收录有海南省 1958—1962 年开展 1∶20 万海南岛区域地质调查时所取

得的 1∶20 万区域自然重砂测量成果。对于自然重砂取样点位图有标记而鉴定报告无记录的、鉴定报告有记录而点位图上无标记的以及没有原始质量的样品，不予入库。有重复记录的样品，或是图与记录不一致的，视具体情况（如水系、取样路线等）逐一分析判别进行取舍。最终入库自然重砂测量样品共计 22561 个，范围基本覆盖整个海南岛（表 3-4；图 3-13）。数据库包括图幅基本信息数据、样品基本信息数据、重砂鉴定结果数据、重砂鉴定结果不定量值的表示方法和量化值数据等 4 个文件类型、40 余个基本数据项，并分别建立了省级、1∶20 万单图幅元数据库。

表 3-4　入库自然重砂样品在 1∶20 万图幅的分布情况

序号	图幅编号	图幅名称	1∶5 万重砂取样点位图图幅数	入库样品数/个
1	F-49-［32］	乌石港	0	0
2	F-49-［33］	海口市	3	175
3	E-49-［01］	海头港	2	202
4	E-49-［02］	儋州市	12	2306
5	E-49-［03］	文昌市	16	3520
6	E-49-［04］	七洲列岛	0	0
7	E-49-［07］	东方市	8	2179
8	E-49-［08］	乐东县	16	6852
9	E-49-［09］	万宁市	10	3770
10	E-49-［13］	莺歌海盐场	2	290
11	E-49-［14］	三亚市	10	2995
12	E-49-［15］	陵水县	3	272
合计			82	22561

图 3-13　自然重砂点位分布示意图

从图 3-13 看出，自然重砂数据空白区主要有 3 处，分别位于临高县南部—儋州市东部—屯昌县西部—琼中县北部一带（约 3000km^2）、文昌市公坡镇—昌洒镇一带（约 400km^2）和海口市永兴镇—永发镇一带（约 300km^2）。空白区出现是未开展自然重砂测量还是保存资料遗失，无从查证。

数据库现状信息详见表 3-5。

表 3-5 海南省自然重砂数据库现状

序号	现状大类	现状子类	现状内容
1	数据库基本情况	数据库名称	海南省自然重砂数据库
		数据库主要内容	收录有海南省 1：20 万区域自然重砂测量样品 22561 个，范围涉及整个海南岛，由自然重砂数据库（Access 文件格式）、自然重砂点位图形数据库（MapGIS 文件格式）和自然重砂 GIS 数据库（ArcInfo 数据格式，点位属性数据格式为 DBF 文件格式）等内容构成
		数据库类型/形式	Access+MapGIS 文件集+JPG 文件集
		数据库主要格式	MS Access 2000
		数据库建库标准	《自然重砂数据库建设工作指南》（中国地质调查局，2002 修订版）
		采用元数据标准	《地质调查元数据内容与结构标准》（中国地质调查局，2001）
		数据量	海南省 1：20 万区域自然重砂测量样品 22561 个，样品鉴定结果表记录数 218207 个，数据量 683MB
		空间数据的覆盖范围、比例尺、坐标参数	坐标范围 18.15°—20.16°N、108.6°—111.04°E，比例尺 1：20 万，经纬度坐标系，高斯-克吕格投影、6 度带、中央经线 111°
		数据密级	秘密
		数据库数据覆盖专业名称	地质、地球化学
		数据库建设起止时间、负责人、主要技术人员	2000—2004 年建成，负责人何国伟、王宜合（早期），主要技术人员陆清、杨云、陈朝兰、曾海琴、陈育文
		数据库维护历史记录、负责人、主要技术人员	建库后未进行过维护
		数据库更新方式	日常式更新
		数据库数据或原始资料源头	1：20 万区域自然重砂测量，广东省地质局区测大队海南分队 1958—1962 年完成，资料保存于广东省佛山市地质局
		数据库管理具体单位	海南省地质调查院
		数据库存放具体单位	海南省地质调查院
		数据库的用户群	单位内部、系统内单位
		数据库应用状况描述	已应用于找矿信息提取和矿产评价选区工作
		数据库存在的主要问题描述	有取样位置记录但缺失鉴定报告的样品无法入库，导致数据覆盖范围出现局部空白区
		数据库其他情况描述	2005 年 5 月通过中国地质调查局验收，评为优秀级
2	数据库管理系统运行环境	数据库运行的硬件环境	最低配置：P III 450 以上 PC 计算机、笔记本电脑，内存 128MB
		数据库运行的操作系统	MS Windows 2000/XP； 软件环境：MS Access 2000（MS SQL Server 2000），MapGIS 6. *
		使用的数据库系统	MS Access 2000
		与其他相关应用系统的关系	无

续表

序号	现状大类	现状子类	现状内容
3	数据库管理系统体系结构	数据库管理系统的体系结构图	自然重砂数据库系统 ZSAPS 1.0 版（中国地质调查局发展研究中心）（图 3-14）
		数据库管理系统的高层流程图	见图 3-15
4	数据库管理系统功能	数据库管理系统的主要功能描述	主要功能模块：①MapGIS 工程管理（将地质图空间数据库、汇水盆地等数据库的 MapGIS 格式文件加入应用工程中，并对其管理）；②数据库管理（主要包括系统用户管理、用户权限管理、矿物代码管理、数据库导入导出）；③数据查询（提供用户多边形、缓冲区、标准图幅、行政区划、键盘输入坐标、用户文件等空间方式及按矿物代码及含量等属性方式查询）；④数据处理（对重砂鉴定结果进行统一量化、生成矿物点位图，并按矿物含量进行数据分布检验，按矿物含量成生分级图、八卦图、条形图，结合汇水盆地标识重砂异常）；⑤图形编辑（对生成的图形进行编辑与整饰）
5	数据库概念模型	数据库概念模型	见图 3-16

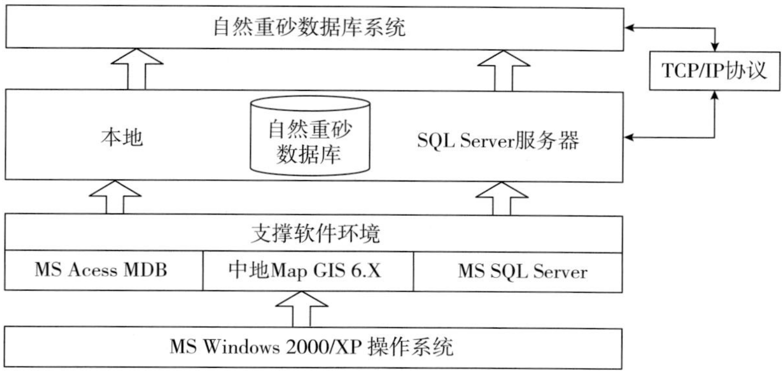

图 3-14　自然重砂数据库系统总体框架图

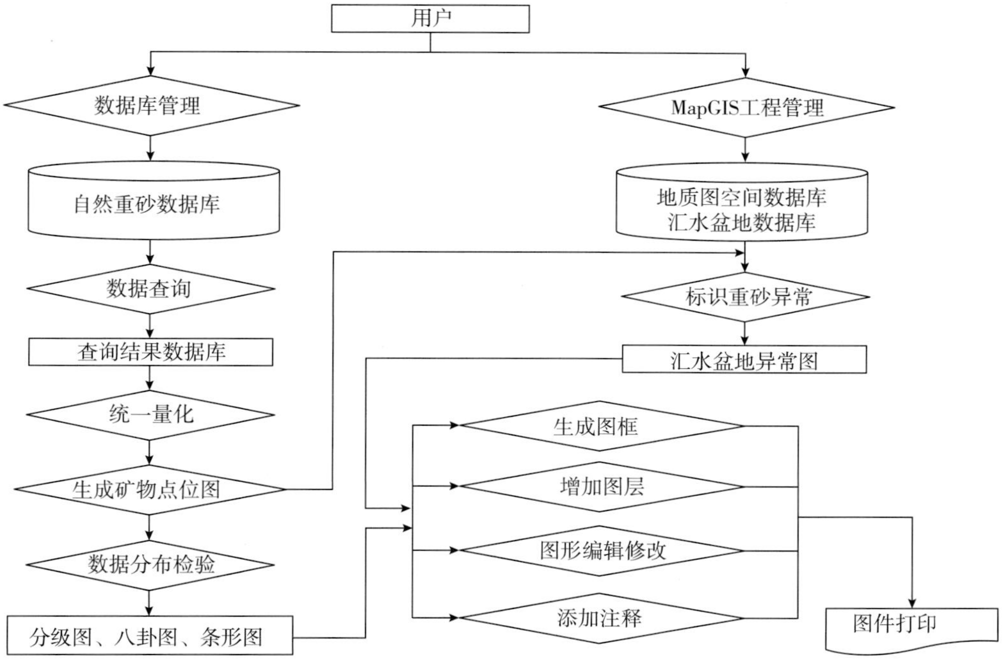

图 3-15　自然重砂数据库高层流程图

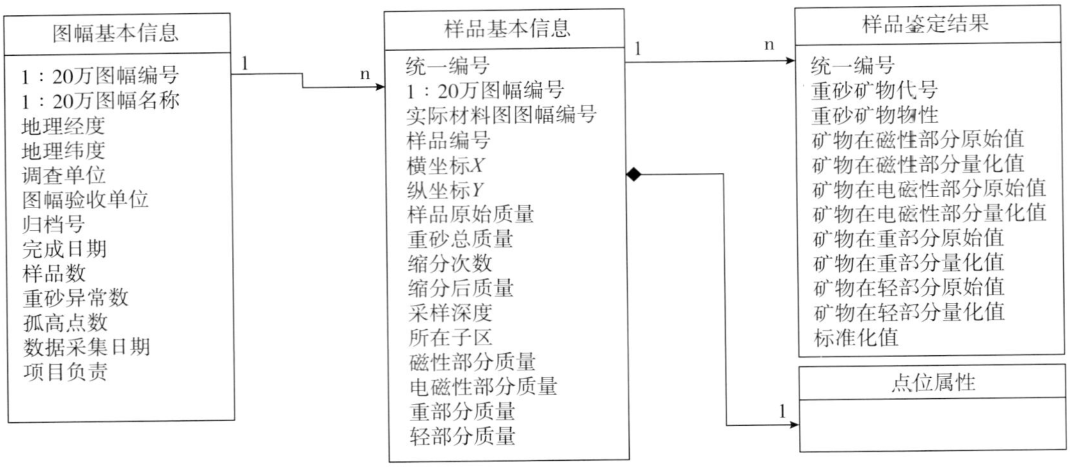

图 3-16　自然重砂数据库基础数据实体 E-R 图

第七节　地质工作程度数据库

一、建设情况

全国地质工作程度数据库于 2001 年正式启动，2004 年 6 月完成，由中国地质调查局发展研究中心承担，组织全国 31 个省（区、市）地矿、有色、冶金、煤炭、核工业、建材、化工、武警黄金，以及中国老科协地矿分会和中国国土资源航空物探遥感中心等 40 多个省部市级单位参加，历时 3 年半。较全面系统地收集和整理了全国 20 世纪的地质成果资料，建立了目前国内包含地质专业种类最全、覆盖范围最大、数据最多的全国地质工作程度空间数据库，数据库总数据量达 580MB。

原地矿系统单位在本省开展的地质工作成果由海南省地质调查院负责建库，工作时间为 2001—2002 年，成果于 2003 年初通过中国地质调查局验收。数据格式为 MS Access 2000。

地质工作程度数据库按地质工作的性质和比例尺建立了 132 个空间数据图层，设置了工作简况、项目成果、资料保存等 31 项属性数据项；按矿产种类建立了 13 个矿产地空间数据图层，设置了反映矿产地的矿种、规模等内容的 11 项属性数据项。

2004 年中国地质调查局发展研究中心发布了基于 MapGIS 和 MapObjects 的全国地质工作程度数据库应用系统，可方便快捷地实现数据录入、检查、管理、查询和输出，并具有自动形成图例、图式等功能。

二、数据库现状

目前海南省地质工作程度数据库引用资料截止时间为 2000 年，个别数据引用了 2001 年资料。该数据库收集了原地矿系统单位在海南本省开展的地质工作成果资料（全部来自原海南省地质矿产勘查开发局资料室）387 份，形成地质工作程度记录 472 条、矿产地数据 368 处。此外数据库还包含了部分矿区的钻探、槽探、坑探等主要实物工作量关系型数据。数据库较全面地收集和整理了新中国成立以来原地矿系统在海南省开展的各类地质工作成果资料，较全面系统地反映了海南省地质调查研究工作程度和工作进展。海南省地质工作程度数据库现状信息详见表 3-6。

表 3-6　海南省地质工作程度数据库现状

序号	现状大类	现状子类	现状内容
1	数据库基本情况	数据库名称	海南省地质工作程度数据库
		数据库主要内容	收录了截至2000年原地矿系统单位在海南本省开展的地质工作成果资料387份；数据库内容涉及各类地质专业的工作记录、矿产地记录以及矿产勘查实物工作量数据
		数据库类型/形式	Access+MapGIS 文件集+ArcView 文件集
		数据库主要格式	MS Access 2000
		数据库建库标准	《中国地质调查工作程度数据库工作指南》（中国地质调查局，2002）
		采用元数据标准	《地质调查元数据内容及结构标准》（中国地质调查局，2001）
		数据量	区域地质调查、地球物理勘查、地球化学勘查、矿产勘查、水文地质调查、工程地质调查和环境地质调查等8类地质工作程度面元矢量数据472条；有色金属、黑色金属、贵金属、稀有稀土金属、能源、非金属和水气矿产等13个矿种系列矿产地数据368处；矿区钻探、槽探、坑探等主要实物工作量关系型数据804条。数据量9.32MB（表3-7）
		空间数据的覆盖范围、比例尺、坐标参数	坐标范围15.68°—20.09°N、108.8°—112.9°E，经纬度坐标系，高斯-克吕格投影、6度带、中央经线111°
		数据密级	秘密
		数据库数据覆盖专业名称	地质、地质文献资料
		数据库建设起止时间、负责人、主要技术人员	2001—2002年建成，负责人何国伟，主要技术人员石孙、周进波、黄德炎
		数据库维护历史记录、负责人、主要技术人员	建成后未维护更新
		数据库更新方式	日常式更新
		数据库数据或原始资料源头	1950—2000年，由海南省内原属地矿系统的单位在本省或外省进行和完成的地质工作，也包括保管和保存的其他单位在海南省所做的地质工作成果资料。资料来源：海南省地质局资料室及其下属单位资料室
		数据库管理具体单位	海南省地质调查院
		数据库存放具体单位	海南省地质调查院
		数据库的用户群	单位内部、系统内单位
		数据库应用状况描述	应用于地质工作部署、立项选区
		数据库存在的主要问题描述	①2002年数据库建成后未进行过维护，新的地质工作情况未反映，数据现势性差；②数据库以地质工作专业种类及其子类、工作比例尺作为划分图层的基础，由于地质工作有交叉性、综合性及领域扩展，建库标准中的图层划分难以有效覆盖所有的地质工作成果
		数据库其他情况描述	无
2	数据库管理系统运行环境	数据库运行的硬件环境	最低配置：P Ⅲ 450以上PC计算机、笔记本电脑，内存128MB； 最佳配置：P4 2.0G以上PC计算机、笔记本电脑，内存256MB； 显示器1024＊768分辨率16位以上彩色显示模式
		数据库运行的操作系统	MS Windows 2000/XP
		使用的数据库系统	MS Access 2000
		与其他相关应用系统的关系	无

续表

序号	现状大类	现状子类	现状内容
3	数据库管理系统体系结构	数据库管理系统的体系结构图	地质工作程度数据库应用系统（基于 MapObjects 版），见图 3-17
		数据库管理系统的高层流程图	见图 3-18
4	数据库管理系统功能	数据库管理系统的主要功能描述	①数据库管理功能（采用了空间数据和非空间数据管理共存的模式，既数据采集阶段为 MS Access 2000 数据库，数据应用阶段中数据由 Access 格式转换为 ESRI Shape 格式空间数据库，同时保留 Access 格式的非空间数据库。数据查询在空间数据库中完成，空间数据库中的属性浏览通过非空间数据库实现）。②数据检查功能（提供了数据检查功能，利用空间数据查询方法，检查数据所在点、区域与地理位置的一致性等逻辑关系）。③查询功能（提供模糊查询、属性查询、按行政区划查询、任意范围空间数据查询、图层与图层间空间数据查询等 5 种查询功能）。④数据输出功能（提供在系统图形界面上可视化地绘制图件标题、图框、图例等）
5	数据库概念模型	数据库概念模型	见图 3-19

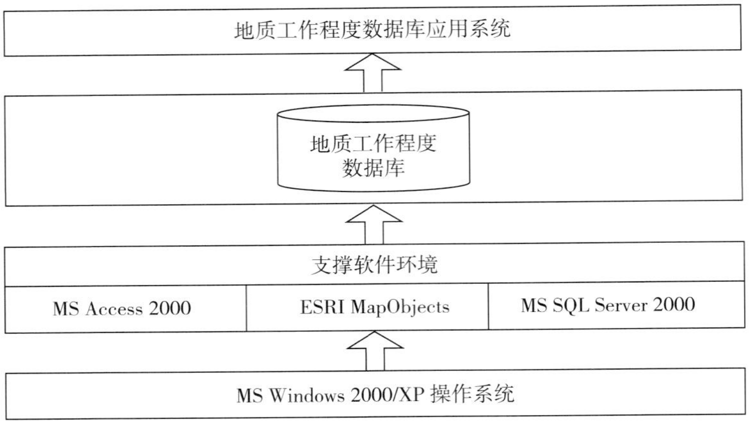

图 3-17　地质工作程度数据库应用系统体系结构图

表 3-7　海南省地质工作程度数据库图层及数据统计

序号	专业种类	专业子类	图层编号	图层名称	图元数
1	区域地质调查	QD（区调）	QD04	1：20 万区域地质调查	12
2			QD06	1：5 万区域地质调查	38
3	地球化学勘查	SX（水系沉积物）	HT10	1：20 万区域水系沉积物地球化学勘查	12
4	地球物理勘查	ZL（重力）	WT03	1：20 万区域重力测量	1
5	水文地质调查	DC（水文调查）	SW04	1：20 万水文地质调查	13
6			SW05	1：5 万水文地质调查	7
7			SW25	1：10 万水文地质调查	1
8	工程地质调查	DC（工程调查）	GC02	1：20 万工程地质调查	1
9	环境地质调查	SWR（水污染）	HJ05	水污染调查	1
10	综合类地质调查	WH（物化）	WH06	1：5 万物化探综合调查	1
11		SH（水工环）	SH06	1：5 万水工环综合调查	5

续表

序号	专业种类	专业子类	图层编号	图层名称	图元数
12	矿产勘查工作阶段	GC（概查）	PK01	概查（预查、资源调查、矿点检查等）	60
13		PC（普查）	PK02	普查	123
14		XC（详查）	PK03	详查	31
15		KT（勘探）	PK04	勘探	40
16		KCYC（矿产预测）	PK05	矿产资源区域评价（预测、区划…）	13
17		CZ（查证）	PK06	综合异常查证	53
18		GC（煤田概查）	PK07	煤田概查	2
19		ZM（找煤）	PK08	找煤（初步普查）	14
20		PC（煤炭普查）	PK09	煤炭普查（详细普查）	2
21		JC（煤炭精查）	PK11	煤炭精查（详细勘探）	2
22		SYD（水源地勘察）	PK40	水源地勘察	20
23	矿产勘查地质工作	DC（矿区地磁测量）	PK21	1∶1 万地面磁测	2
24		DD（矿区地电）	PK25	1∶1 万地面电法	3
25			PK26	1∶5000 地面电法	1
26		TR（矿区土壤测量）	PK34	1∶1 万土壤地球化学测量	1
27		ZH（矿区综合地质测量）	PK55	1∶1 万综合地质测量	2
28			PKA4	1∶2 万综合地质测量	1
29	矿产地	GJS（贵金属）	KC01	贵金属矿产地	54
30		YSJS（有色金属）	KC02	有色金属矿产地	77
31		HSJS（黑色金属）	KC03	黑色金属矿产地	35
32		XYJS（稀有金属）	KC04	稀有金属矿产地	15
33		XTJS（稀土金属）	KC05	稀土金属矿产地	6
34		FSXJS（放射性）	KC06	放射性元素矿产地	2
35		RLKC（燃料矿产）	KC07	燃料矿产地	17
36		YJYL（冶金原料）	KC08	冶金辅助原料非金属矿产地	14
37		HGYL（化工原料）	KC09	化工原料非金属矿产地	13
38		JZCL（建筑材料）	KC10	建筑材料非金属矿产地	71
39		QFJS（其他非金属）	KC11	其他非金属矿产地	10
40		SQKC（水气矿产）	KC12	水气矿产地	54

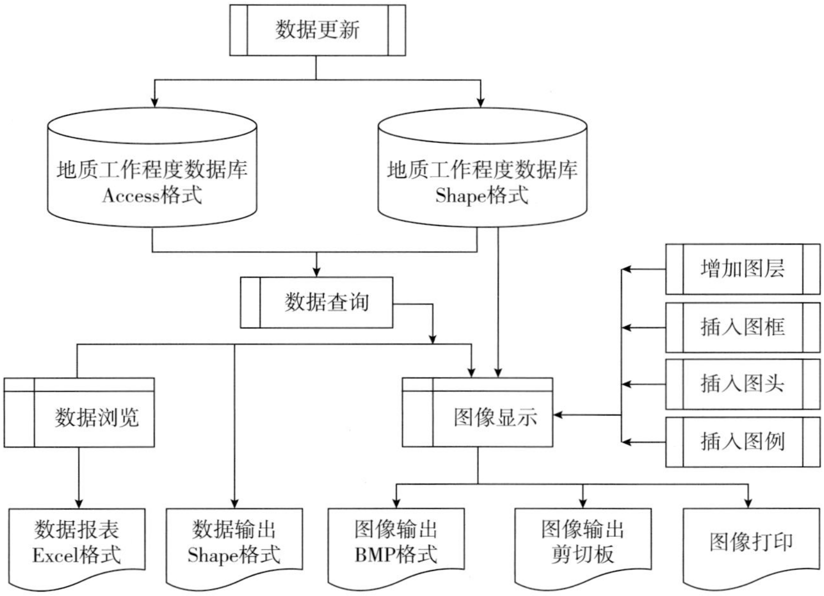

图 3-18 地质工作程度数据库应用系统高层流程图

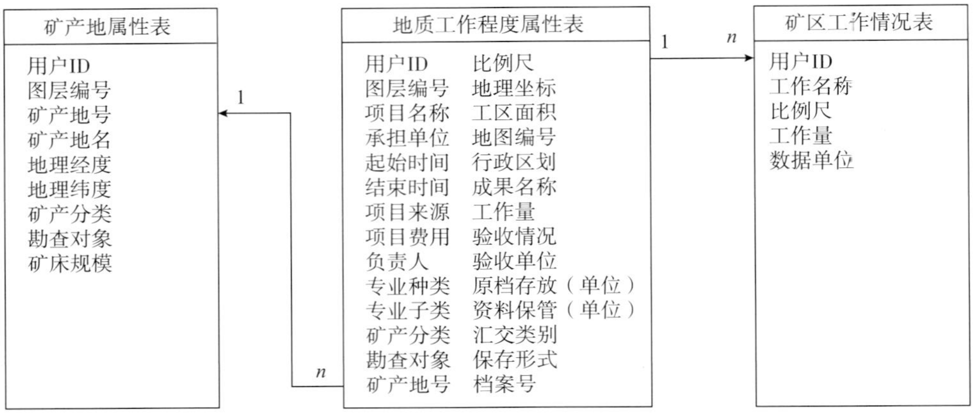

图 3-19　地质工作程度数据库数据 E-R 图

第八节　区域地球化学数据库

一、建设情况

全国区域地球化学数据库是“全国区域地球化学系列图编制”项目的成果之一，由中国地质调查局发展研究中心组织，全国 28 个省（区、市）地质调查院参与了该项目。数据库汇集了全国 28 个省（区、市）的 1∶20 万和 1∶50 万区域化探 39 种元素和氧化物的测试数据，共计数据点 142 万个，近 5540 万个数据。数据库为单表结构，数据表字段除关键字 ID 外，还包含样点的经度、纬度以及 39 种元素（氧化物）的含量值。该项成果的取得为在全国范围内研究区域地球化学分布、生态环境、基础地质和找矿远景规划提供了最基础的资料。

作为全国区域地球化学数据库成果的一部分，海南省区域地球化学数据库由海南省地质调查院于 2001—2002 年建成，收录了 1986—1988 年开展的 1∶20 万区域水系沉积物测量成果，入库样品数为 8625 个，数据覆盖整个海南岛。数据格式为 MS Access 2000。数据库经中国地质调查局审查验收。

二、数据库现状

数据库现状信息详见表 3-8。

表 3-8　海南省区域地球化学数据库现状

序号	现状大类	现状子类	现状内容
1	数据库基本情况	数据库名称	海南省区域地球化学数据库
		数据库主要内容	“1∶20 万海南岛区域水系沉积物测量”全部样品的 39 种元素和氧化物测试数据及样点坐标等信息
		数据库类型/形式	Access+MapGIS 文件集
		数据库主要格式	MS Access 2000
		数据库建库标准	《区域化探全国扫面工作方法若干规定》（1985）； 《计算机软件产品开发文件编制指南》（GB 8567—88）
		采用元数据标准	《地质调查元数据内容及结构标准》（中国地质调查局，2001）

续表

序号	现状大类	现状子类	现状内容
1	数据库基本情况	数据量	1：20万海南岛区域水系沉积物测量样品8625个39种元素和氧化物测试数据，数据量1.67MB
		空间数据的覆盖范围、比例尺、坐标参数	坐标范围18.20°—20.17°N、108.62°—111.05°E，经纬度坐标系，高斯-克吕格投影、6度带、中央经线111°
		数据密级	秘密
		数据库数据覆盖专业名称	地质、地球化学勘查
		数据库建设起止时间、负责人、主要技术人员	2001—2002年建成，负责人吴丹，主要技术人员陈育文等
		数据库维护历史记录、负责人、主要技术人员	2002年建库后未曾维护
		数据库更新方式	根据需要更新
		数据库数据或原始资料源头	数据源自1986—1988年江西省物化探大队完成的“1：20万海南岛区域水系沉积物测量”全部样品的39种元素和氧化物测试数据，工作范围为整个海南岛
		数据库管理具体单位	海南省地质调查院
		数据库存放具体单位	海南省地质调查院
		数据库的用户群	单位内部、系统内单位
		数据库应用状况描述	已应用于地质找矿选区部署、土壤评价、生态环境研究等
		数据库存在的主要问题描述	由于建库时条件局限，数据库中只收集了地球化学调查的原始数据，无原始采样点数据等信息。2002年数据库建成后未进行过维护，新的地质工作成果未反映
		数据库其他情况描述	无
2	数据库管理系统运行环境	数据库运行的硬件环境	最低配置：PII 350以上PC计算机、笔记本电脑，内存64MB以上，硬盘空间4GB以上
		数据库运行的操作系统	MS Windows 98/2000/XP
		使用的数据库系统	MS Access 2000
		与其他相关应用系统的关系	无
3	数据库管理系统体系结构	数据库管理系统的体系结构图	区域地球化学数据管理信息系统（GeoMDIS），见图3-20
		数据库管理系统的高层流程图	见图3-21
4	数据库管理系统功能	数据库管理系统的主要功能描述	见图3-22
5	数据库概念模型	数据库概念模型	见图3-23

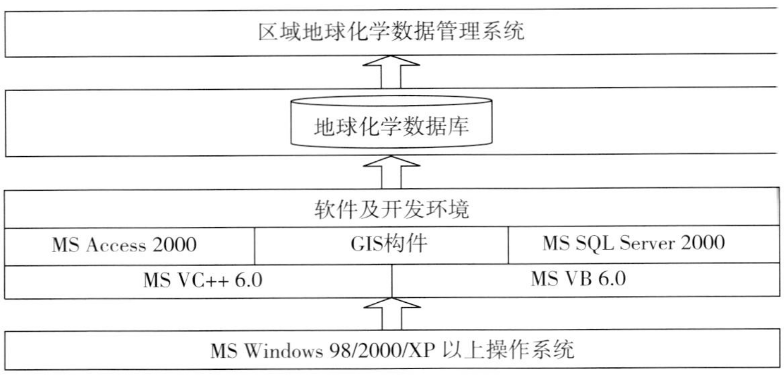

图 3-20　区域地球化学数据管理信息体系结构图

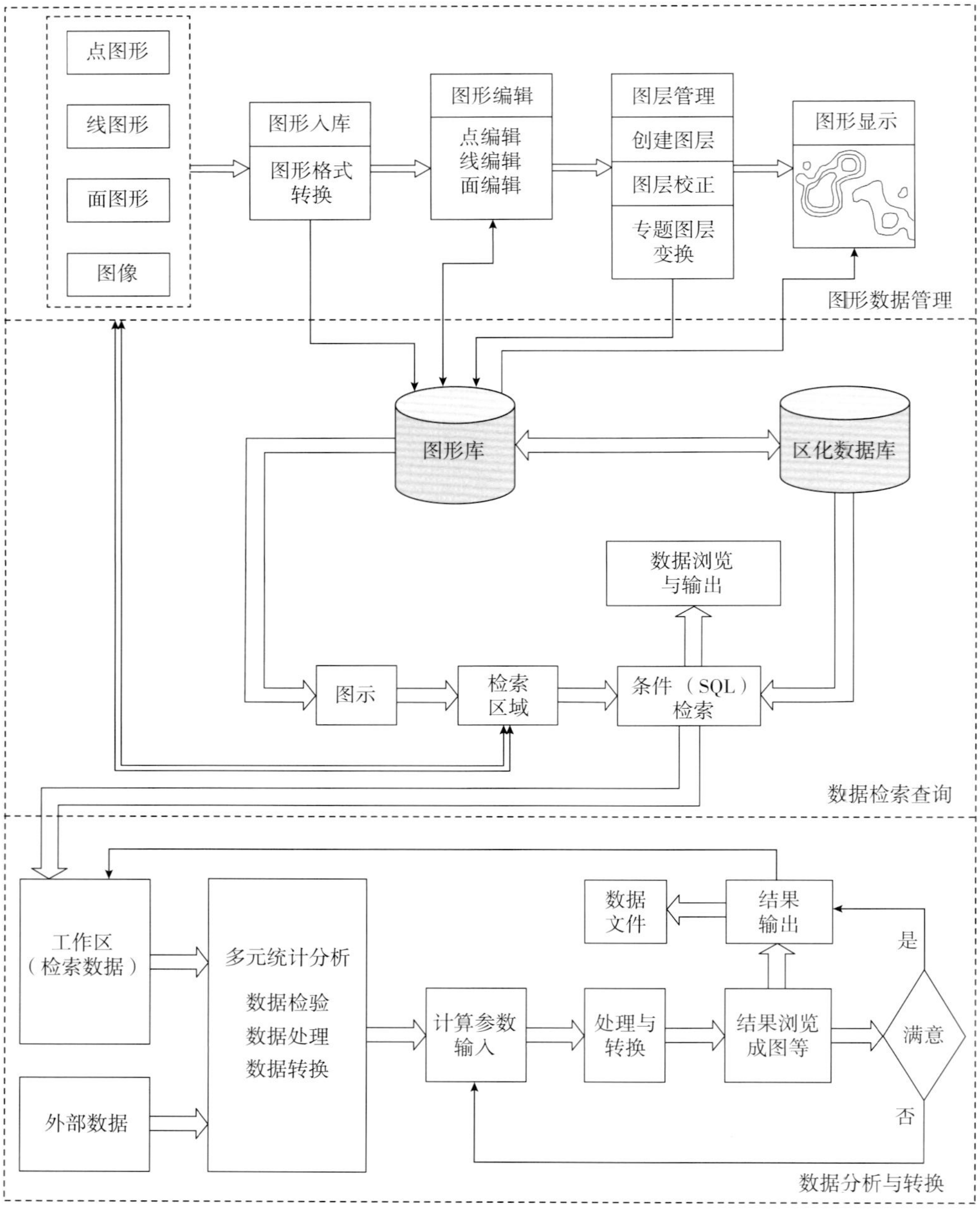

图 3-21　区域地球化学数据管理信息系统主模块流程图

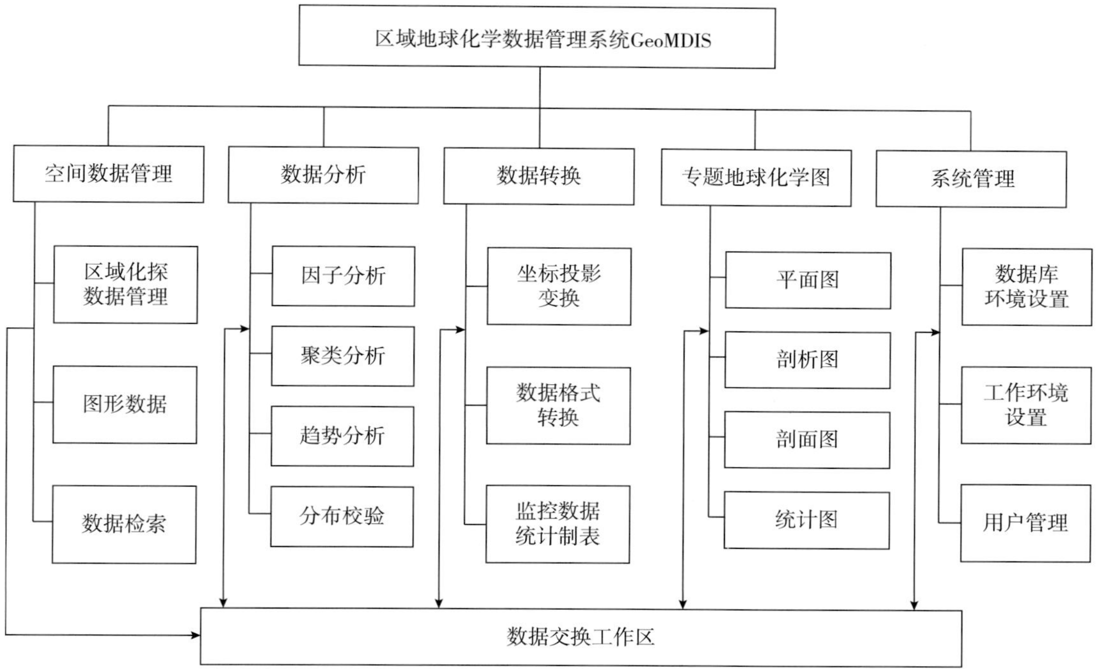

图 3-22　区域地球化学数据管理信息系统功能框图

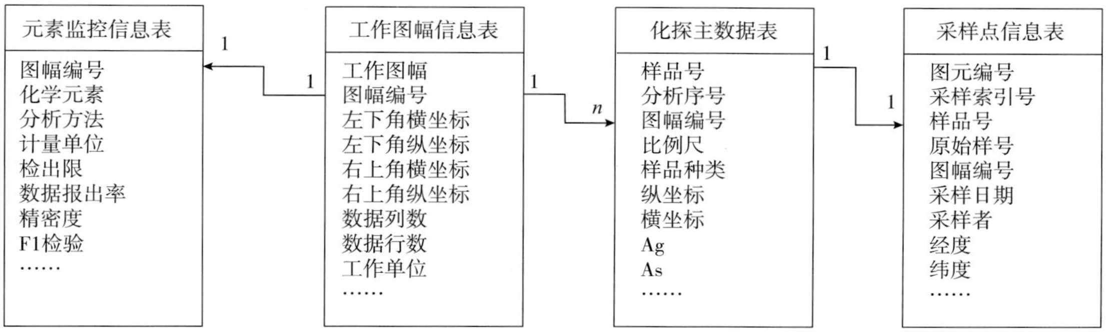

图 3-23　区域地球化学数据库 E-R 图

第九节　区域重力数据库

一、建设情况

海南省区域重力数据库为全国区域重力数据库的一部分，于 2007 年分发给本省开展潜力评价工作使用。

全国区域重力数据库 2000—2002 年由中国地质调查局发展研究中心及陕西省第二物探大队建成，数据库全面汇集了截至 1998 年地矿部系统完成的所有 1∶100 万、1∶50 万、1∶20 万区域重力调查数据，以及原地矿部各单位收集与积累的重力调查数据，还收集了部分省和单位截至 2000 年的数据。汇集的所有重力数据按《区域重力调查规范》要求整理，建立了基于 GIS 的全国区域重力数据库。整理和补充全国 1km×1km 节点高程数据库，建立了与区域重力数据库关联的基于统一 GIS 系统平台的高程数据库。全国区域重力数据库包括重力基点网数据表、高程数据表、重力工区参数信息表、工区范围表、重力数据表等内容。2004—2005 年对全国区域重力数据库进行了维护和完善。

分发的海南省区域重力数据库依工作精度分为 1：100 万、1：20 万区域重力数据库。

二、数据库现状

海南省 1：20 万区域重力数据库：基于 1998 年提交的《海南岛 1：20 万区域重力调查报告》，其野外调查工作时间为 20 世纪 80—90 年代，先后分 3 个工作阶段完成。该数据库收录了海南省 1：20 万重力调查数据点 8051 个。数据格式为 Access 2000，数据项包含：经度、纬度、高程值、布格重力异常值。区域重力数据符合《区域重力调查规范》（DZ/T 0082—93），即实现了统一重力基本网（1985）、统一坐标系（54 年北京）和国家高程基准（1985）、统一正常重力场公式、统一地改半径、统一中间层密度的各项计算。

海南省 1：100 万区域重力数据库：本次开展矿产资源潜力评价工作时由全国矿产资源潜力评价项目办公室分发使用。该数据库包括了 1：100 万区域重力调查数据点 732 个，数据格式为 Access 2000，数据项包含：经度、纬度、高程值、布格重力异常值。数据截止时间为 1998 年。

数据库现状信息详见表 3-9。

表 3-9　海南省区域重力数据库现状

序号	现状大类	现状子类	现状内容
1	数据库基本情况	数据库名称	海南省区域重力数据库
		数据库主要内容	由两部分组成：①1982—1995 年海南岛 1：200000 区域重力调查重力数据；②1：100 万区域重力调查重力数据。数据项有经度、纬度、高程值、布格重力异常值
		数据库类型/形式	Access 2000
		数据库主要格式	MS Access 2000
		数据库建库标准	《区域重力调查规范》（DZ/T 0082—93）
		采用元数据标准	《地质调查元数据内容及结构标准》（中国地质调查局，2001）
		数据量	1：20 万区域重力测点数 8051 个、1：100 万区域重力测点数 732 个，数据量为 452KB
		空间数据的覆盖范围、比例尺、坐标参数	坐标范围 18.15°—20.17°N、108.6°—111.05°E，经纬度坐标系，高斯-克吕格投影、6 度带、中央经线 111°
		数据密级	秘密
		数据库数据覆盖专业名称	地质、地球物理勘查、重力
		数据库建设起止时间、负责人、主要技术人员	2000—2002 年中国地质调查局发展研究中心及陕西省第二物探大队完成
		数据库维护历史记录、负责人、主要技术人员	2004—2005 年中国地质调查局安排对全国区域重力数据库进行了维护更新，是否涉及本省不详
		数据库更新方式	根据需要更新
		数据库数据或原始资料源头	①1：20 万重力数据源于《海南岛区域重力调查成果报告》；②1：100 万重力数据由中国国土资源航空物探遥感中心提供

续表

序号	现状大类	现状子类	现状内容
1	数据库基本情况	数据库管理具体单位	海南省地质调查院
		数据库存放具体单位	海南省地质调查院
		数据库的用户群	本单位
		数据库应用状况描述	已应用于地质找矿及工作选区部署
		数据库存在的主要问题描述	无
		数据库其他情况描述	本次潜力评价分发的数据库数据项包含：经度、纬度、高程值、布格重力异常值；区域重力数据符合《区域重力调查规范》（DZ/T0082—93），即实现了统一重力基本网（1985）、统一坐标系（54年北京）和国家高程基准（1985）、统一正常重力场公式、统一地改半径、统一中间层密度的各项计算
2	数据库管理系统运行环境	数据库运行的硬件环境	PIII 以上通常配置的 PC 计算机、笔记本电脑均可
		数据库运行的操作系统	MS Windows 2000/XP；软件环境：MapInfo；开发工具：Map Basic，Visual Basic 6.0（Map Basic 为基于 MapInfo 平台的用户开发语言）
		使用的数据库系统	MS Access 2000
		与其他相关应用系统的关系	由中国地质调查局发展研究中心组织研发的《多元地学空间数据管理与分析系统》（GeoExpl）中的重力数据处理方法程序与《区域重力数据库信息系统》（RGIS2006）基本一致
3	数据库管理系统体系结构	数据库管理系统的体系结构图	《区域重力数据库信息系统》（RGIS2006），见图 3-24
		数据库管理系统的高层流程图	见图 3-25
4	数据库管理系统功能	数据库管理系统的主要功能描述	提供 MapInfo GIS 手段管理空间图形数据和重力数据，可实现按照“五统一”的要求进行数据整理；提供异常分离、解析延拓、一阶和二阶导数、界面反演、剖面 2.5D 可视化反演、相关分析、线性增强等常用数据处理方法；能实现 GIS 制图与重力图件制作与输出；提供常用坐标转换功能（见图 3-25）
5	数据库概念模型	数据库概念模型	见图 3-26

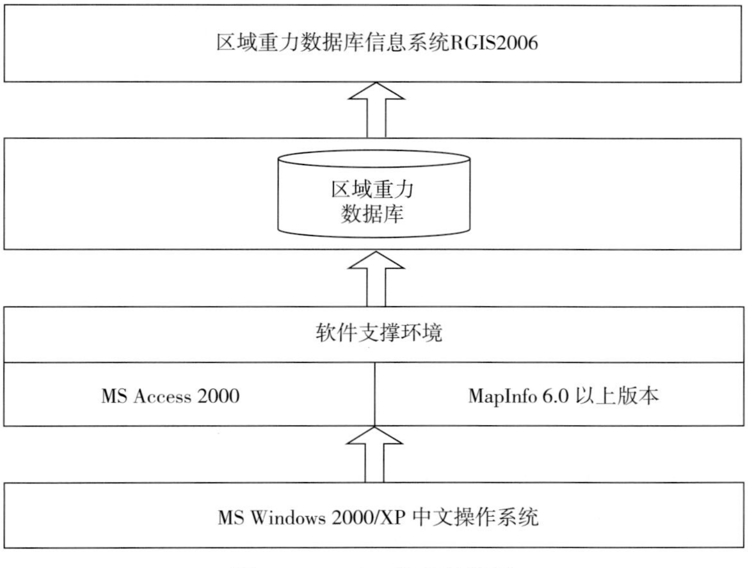

图 3-24　RGIS 体系结构图

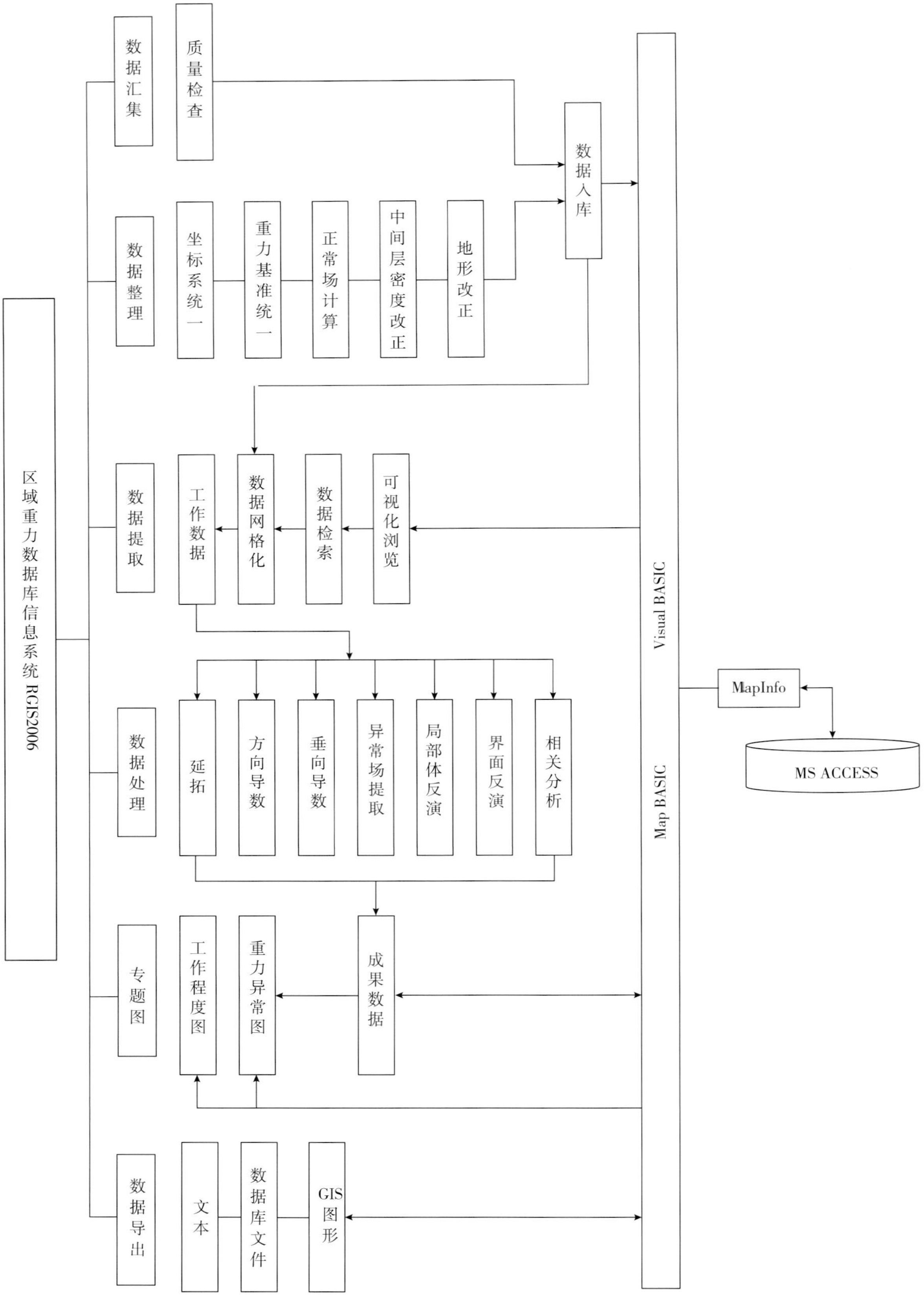

图 3-25　RGIS 高层数据流图

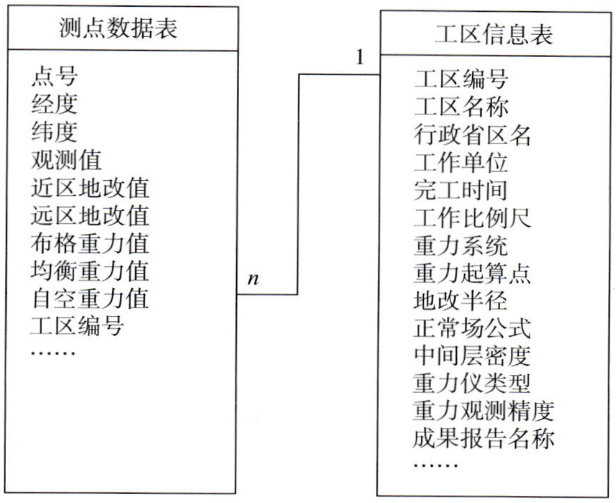

图 3-26　区域重力数据库实体 E-R 图

第十节　航磁数据库

一、建设情况

海南省航磁数据库是全国航磁数据库的一部分，由中国国土资源航空物探遥感中心下发给本省开展潜力评价工作使用。

全国航磁数据库由中国国土资源航空物探遥感中心于 2002 年开始建设，主要是中国国土资源航空物探遥感中心、海南省航测队的航磁模拟资料数字化和建库（省级航磁数据库）。全国数据库汇集了航空磁测数据和相关信息，主要内容包括坐标数据参数、磁力值、航磁工区参数信息等。

二、数据库现状

下发的海南省航磁数据库包括了 2km×2km 的网格数据以及 3 条航磁剖面数据，2km×2km 的网格数据共计 16141 个数据点。

由于航磁数据与重力数据的处理分析和图件编制的方法基本一致，因此，前述的《区域重力数据库信息系统》（RGIS2006）也作为航磁数据的管理系统。

图 3-27　GeoEXPL 系统的主界面

此外，中国地质调查局发展研究中心推出的《多元地学空间数据管理与分析系统 GeoExpl》（图 3-27），集成了国内已有的重、磁、电数据处理方法，可对多种地学数据进行常规的和非线性的处理，通过 GIS 空间分析可以进行以矿产资源预测评价为目的的综合分析。该系统亦可用于航磁数据库存储和管理。

数据库现状信息详见表 3-10。

表 3-10　海南省航磁数据库现状

序号	现状大类	现状子类	现状内容
1	数据库基本情况	数据库名称	海南省航磁数据库
		数据库主要内容	①1957—1958 年地质部 905 队完成的海南全岛 1∶10 万的航空磁测 2km×2km 网格数据；②航磁剖面数据有：1976 年广东省地质局物探大队完成的海南岛西部、西北部 1∶5 万航空磁测数据；1978 年冶金部物探公司航测队三分队完成的海南岛西部 1∶5 万航空磁测数据
		数据库类型/形式	文本文件+JPG 文件集+DBF 文件集
		数据库主要格式	文本格式；Foxpro 2. 5
		数据库建库标准	无
		采用元数据标准	无
		数据量	2km×2km 的网格数据点 16141 个和 3 条航磁剖面数据，数据量 47. 8MB
		空间数据的覆盖范围、比例尺、坐标参数	坐标范围 18. 20°—20. 17° N、108. 62°—111. 05° E，经纬度坐标系，高斯-克吕格投影、6 度带、中央经线 111°
		数据密级	秘密
		数据库数据覆盖专业名称	地质、地球物理勘查、磁法
		数据库建设起止时间、负责人、主要技术人员	2003 年中国国土资源航空物探遥感中心建成全国航磁数据库
		数据库维护历史记录、负责人、主要技术人员	无
		数据库更新方式	未更新
		数据库数据或原始资料源头	中国国土资源航空物探遥感中心
		数据库管理具体单位	海南省地质调查院
		数据库存放具体单位	海南省地质调查院
		数据库的用户群	单位内部
		数据库应用状况描述	无
		数据库存在的主要问题描述	1978 年冶金部物探公司航测队三分队完成的海南岛南、东部 1∶5 万航空磁测数据未入库
		数据库其他情况描述	本库 2007 年由中国国土资源航空物探遥感中心分发本省使用
2	数据库管理系统运行环境	数据库运行的硬件环境	PIII 以上通常配置的 PC 计算机、笔记本电脑均可
		数据库运行的操作系统	MS Windows 2000/XP
		使用的数据库系统	Foxpro 2. 5
		与其他相关应用系统的关系	可以在中国地质调查局发展研究中心组织研发的《多元地学空间数据管理与分析系统 GeoExpl》中建立航磁数据库和进行数据处理
3	数据库管理系统体系结构	数据库管理系统的体系结构图	①《区域重力数据库信息系统 RGIS2006》，参见图 3-24； ②《多元地学空间数据管理与分析系统 GeoExpl》，见图 3-28

续表

序号	现状大类	现状子类	现状内容
3	数据库管理系统体系结构	数据库管理系统的高层流程图	①《区域重力数据库信息系统 RGIS2006》，参见图 3-25； ②《多元地学空间数据管理与分析系统 GeoExpl》，见图 3-29
4	数据库管理系统功能	数据库管理系统的主要功能描述	①《区域重力数据库信息系统 RGIS2006》，参见图 3-25； ②《多元地学空间数据管理与分析系统 GeoExpl》，见图 3-30
5	数据库概念模型	数据库概念模型	无

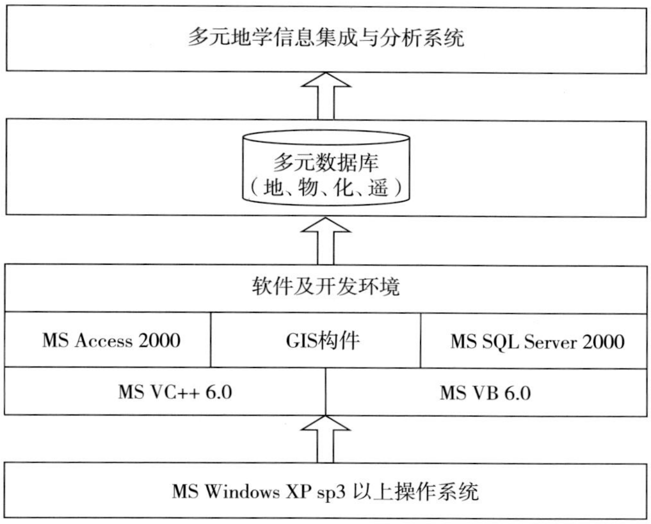

图 3-28　GeoEXPL 系统的体系结构图

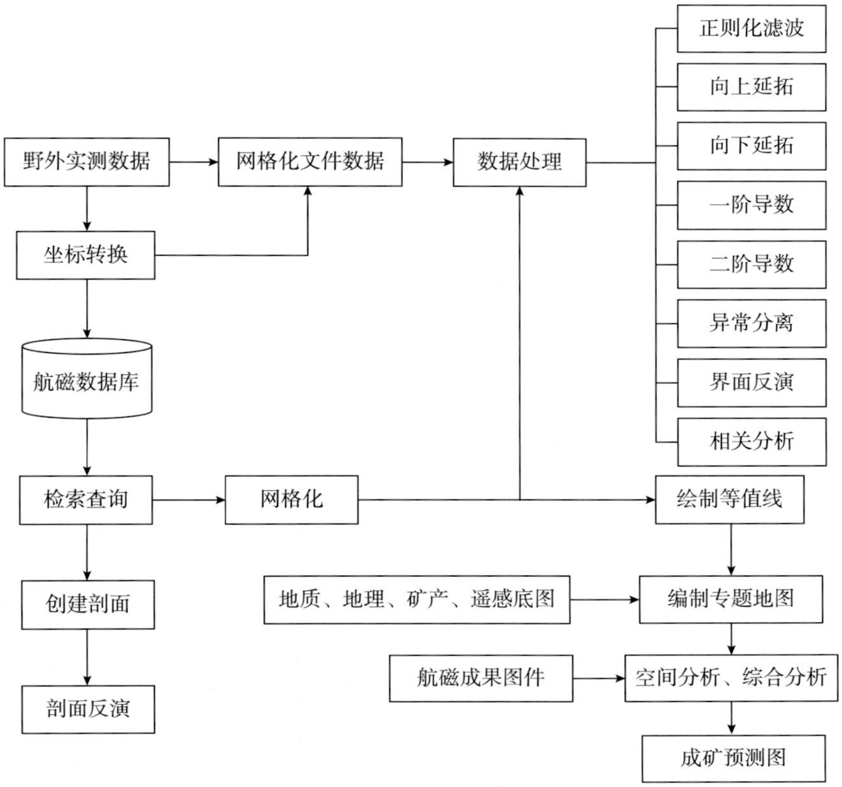

图 3-29　GeoEXPL 系统航磁数据库管理应用流程图

图 3-30 GeoEXPL 系统总体功能结构图

第十一节 遥感影像图数据库

一、建设情况

海南省遥感影像图数据库由中国国土资源航空物探遥感中心于 2002—2005 年完成，本次潜力评价分发给本省使用。

二、数据库现状

海南省遥感影像图数据库的遥感影像地图由陆地卫星 ETM 图像制成，共 5 景，数据量约为 2.5GB。卫星图像数据时间跨度 5 年。地理信息采自 1∶5 万~1∶10 万地形图，三色合成、色彩鲜艳、地学信息丰富，图件按国家标准 1∶25 万分幅编制。数据库现状信息详见表 3-11。

表 3-11　海南省遥感影像图数据库现状

序号	现状大类	现状子类	现状内容
1	数据库基本情况	数据库名称	海南省遥感影像图数据库
		数据库主要内容	海南省 1∶25 万标准分幅 ETM 遥感影像图，共 6 幅
		数据库类型/形式	数据库+一般文件混合形式
		数据库主要格式	Oracle 9.0
		数据库建库标准	《卫星遥感图像产品质量控制规范》（DZ/T 0143—1994）、《航空遥感摄影技术规程》（DZ/T 0203151—1999）等
		采用元数据标准	通过读文件头信息获取元数据
		数据量	1∶25 万标准分幅 ETM 遥感影像图 6 幅，数据量 2.5GB
		空间数据的覆盖范围、比例尺、坐标参数	坐标范围 18.20°—20.2°N、108.6°—111.05°E，经纬度坐标系，高斯-克吕格投影、6 度带、中央经线 111°
		数据密级	秘密
		数据库数据覆盖专业名称	测绘、遥感信息
		数据库建设起止时间、负责人、主要技术人员	2003—2007 年，负责人中国国土资源航空物探遥感中心晋佩东、郭大海、王建超，主要技术人员王轶、周迅、周强、周英杰、李春英等
		数据库维护历史记录、负责人、主要技术人员	无
		数据库更新方式	日常式
		数据库数据或原始资料源头	中国遥感卫星地面站提供的 Landsat-5 TM、Landsat-7 ETM 数据
		数据库管理具体单位	海南省地质调查院
		数据库存放具体单位	海南省地质调查院
		数据库的用户群	单位内部
		数据库应用状况描述	无
		数据库存在的主要问题描述	影像局部云层覆盖面积较大，影响使用
		数据库其他情况描述	本库 2007 年由中国国土资源航空物探遥感中心分发本省使用，数据覆盖及分幅见图 3-31
2	数据库管理系统运行环境	数据库运行的硬件环境	客户端 PⅣ以上通常配置的 PC 计算机、笔记本电脑均可；服务器配置应满足运行 Oracle 9.0 的需要
		数据库运行的操作系统	MS Windows 2003/XP
		使用的数据库系统	Oracle 9.0
		与其他相关应用系统的关系	无

续表

序号	现状大类	现状子类	现状内容
3	数据库管理系统体系结构	数据库管理系统的体系结构图	见图 3-32、图 3-33
		数据库管理系统的高层流程图	无
4	数据库管理系统功能	数据库管理系统的主要功能描述	无
5	数据库概念模型	数据库概念模型	无

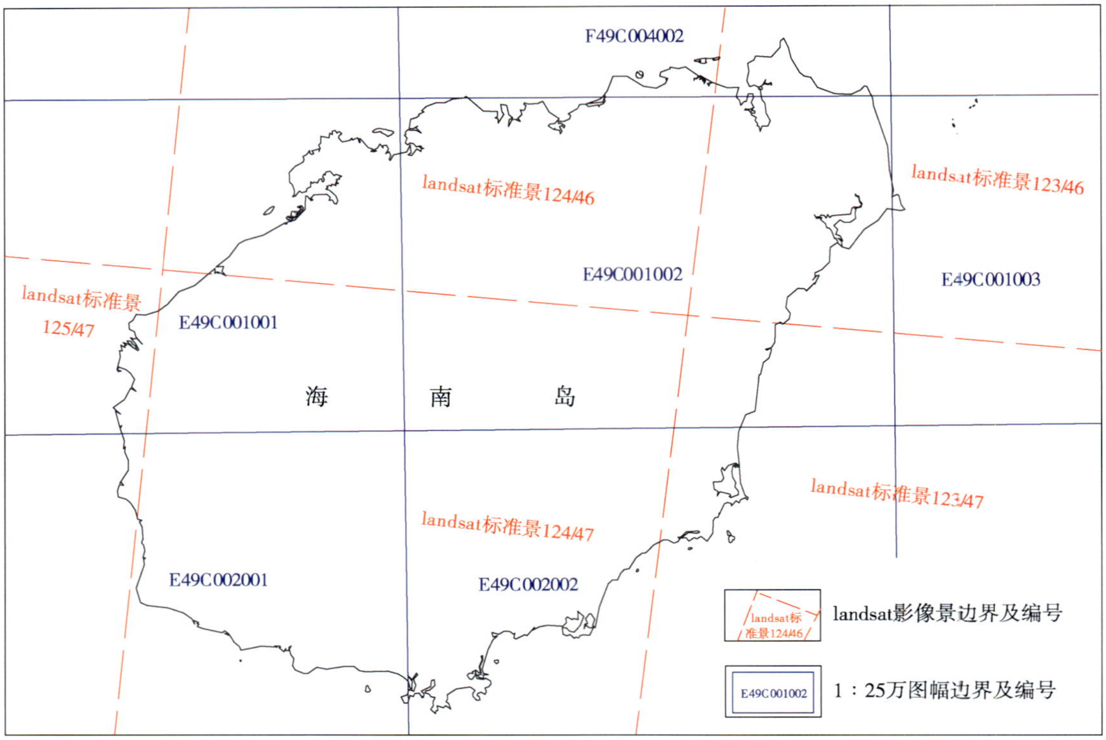

图 3-31　海南岛 TM 数据覆盖及 1：25 万标准图幅分布图

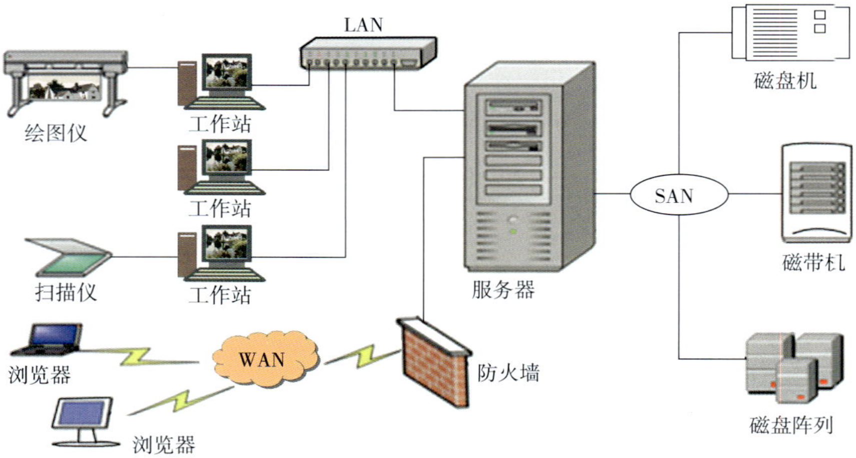

图 3-32　遥感影像数据库系统实体结构图

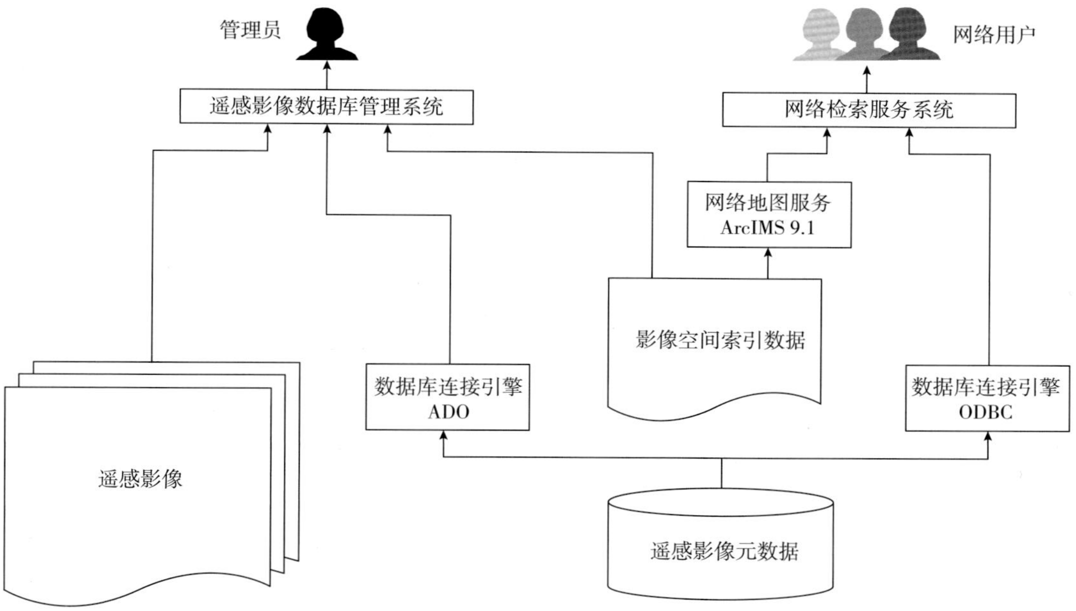

图 3-33　遥感影像数据库系统逻辑结构图

此外，2002—2004 年完成的“海南省（海南岛）国土资源遥感综合调查”工作建有《海南省（海南岛）国土资源遥感综合调查信息系统》。数据库由海南省地质调查院、湖南省遥感中心以及中南大学 GIS 研究中心合作建立，包括了基础地理和土地、矿产、旅游、水、环岛海岸、生态、地质构造及地质灾害等 8 个专题的信息数据表，其中的全省遥感影像地图为使用 2000 年前后的 ETM 图像制成。该成果亦可供潜力评价工作参考使用。

第十二节　二轮区划数据库

一、建设情况

2001—2004 年，中国地质科学院矿产资源所王勇毅、肖克炎等完成了全国固体矿产资源区划数据库建设（建库流程见图 3-34）。海南省二轮区划数据库属全国固体矿产资源区划数据库成果的一部分，下发给本次潜力评价工作参考使用。

数据库成果图数据要素分为 10 类，即预测区带（区图元）、矿产分布（点图元）、化探成果（区图元）、重砂成果（区图元）、重力解译（线图元）、航磁解译（线图元）、遥感解译（线图元）、控矿构造（线图元）、工作部署（线图元）、工作程度（线图元）。

二、数据库现状

海南省二轮区划数据库基于 1994 年 12 月海南省地质矿产勘查开发局完成的《海南岛成矿远景区划及“九五”找矿地质工作部署建议》，数据库反映了省内 Au、Sn 等重砂异常 20 处，Au、As、Zn、Sb 等元素异常 372 处，IV 级成矿区带 8 处、V 级成矿区带 2 处；在此基础上进一步划分出 IV 级成矿远景区 16 个、V 级成矿远景区 4 个，并提出了找矿工作部署建议。

海南省二轮区划数据库中数据按地质要素类别分为不同图层分层存储，涉及不同级别成矿远景区及相关的地、物、化、遥、矿产数据。数据库现状信息详见表 3-12。

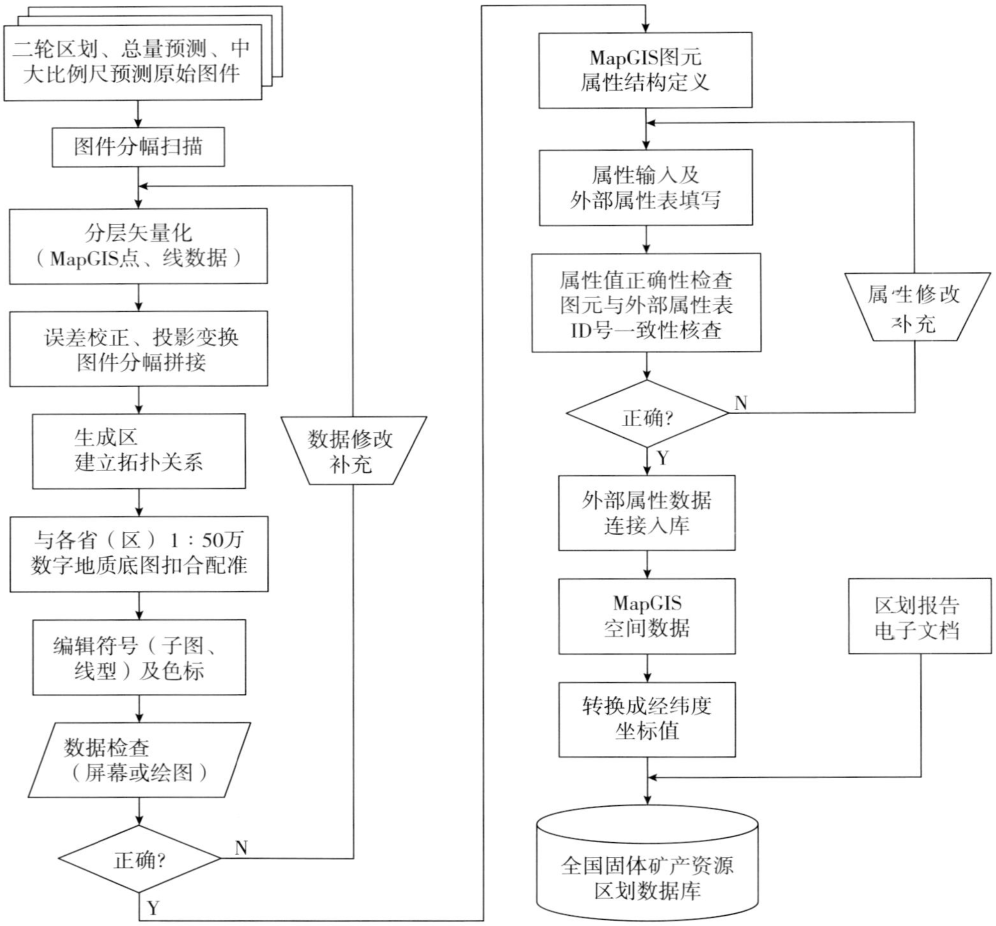

图 3-34　全国固体矿产资源区划数据库建库流程

表 3-12　海南省二轮区划数据库现状

序号	现状大类	现状子类	现状内容
1	数据库基本情况	数据库名称	海南省二轮区划数据库
		数据库主要内容	海南省第二轮成矿远景区划成果，涉及不同级别成矿远景区的地质、物探、化探、遥感、矿产数据，3 幅预测评价成果图件，2 份区划报告
		数据库类型/形式	DBF+MapGIS 文件集
		数据库主要格式	图件中地 MapGIS 6.5，元数据 MS Access 2000
		数据库建库标准	无
		采用元数据标准	采用标准不详。元数据包括成果图件元数据和资料报告元数据，这两类元数据表采用 Access 格式建立，表中每条记录代表一份成果图件或一份区划报告
		数据量	收录了本省二轮区划划定的各个成矿远景区地、物、化、遥、矿产数据和文字报告，图件要素有预测区带、矿产分布、化探成果、重砂成果、重力解译、航磁解译、遥感解译、控矿构造、工作部署、工作程度等
		空间数据的覆盖范围、比例尺、坐标参数	坐标范围 18.20°—20.2°N、108.6°—111.05°E，经纬度坐标系，高斯-克吕格投影、6 度带、中央经线 111°
		数据密级	秘密

续表

序号	现状大类	现状子类	现状内容
1	数据库基本情况	数据库数据覆盖专业名称	地质、矿产地质
		数据库建设起止时间、负责人、主要技术人员	2001—2004 年，中国地质科学院矿产资源所王勇毅、肖克炎、李小鹏、徐丛荣、陈郑辉、李厚民等
		数据库维护历史记录、负责人、主要技术人员	无
		数据库更新方式	未更新
		数据库数据或原始资料源头	数据库引用：《海南岛成矿远景区划及“九五”找矿地质工作部署建议》（海南省地质矿产勘查开发局，1994）
		数据库管理具体单位	海南省地质调查院
		数据库存放具体单位	海南省地质调查院
		数据库的用户群	单位内部
		数据库应用状况描述	无
		数据库存在的主要问题描述	无
		数据库其他情况描述	本库 2007 年由中国地质科学院矿产资源所分发本省使用
2	数据库管理系统运行环境	数据库运行的硬件环境	最低配置：P586/133MHz，内存 32MB，硬盘 5GB
		数据库运行的操作系统	中文 Windows 98 或以上操作系统；软件环境：MapGIS 6.7 及以上版本
		使用的数据库系统	MS Access 2000
		与其他相关应用系统的关系	无
3	数据库管理系统体系结构	数据库管理系统的体系结构图	见图 3-35
		数据库管理系统的高层流程图	见图 3-36
4	数据库管理系统功能	数据库管理系统的主要功能描述	系统是由工程管理、数据信息检索、中大比例尺浏览、底图信息检索、生成图例文件、属性信息、窗口可视化等功能模块构成，实现了对二轮区划成果、铁铜金资源总量预测、中大比例尺成矿预测 3 大类数据的图层数据及元数据等区划成果资源信息的管理、检索、浏览
5	数据库概念模型	数据库概念模型	数据库图层有预测区（带）、化探成果、重砂成果、重力解译、航磁解译、遥感解译、控矿构造、工作部署、工作程度等

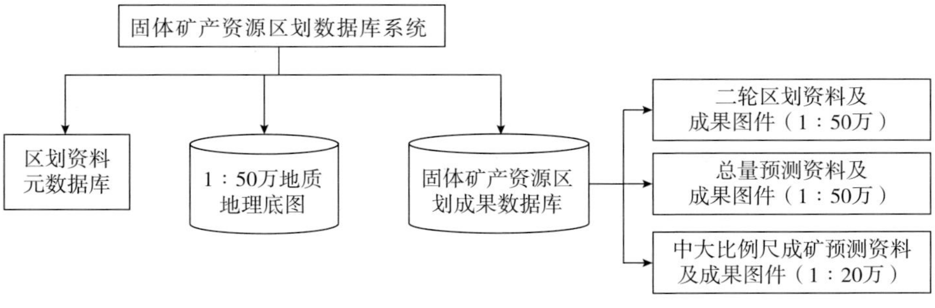

图 3-35　固体矿产资源区划数据库系统结构图

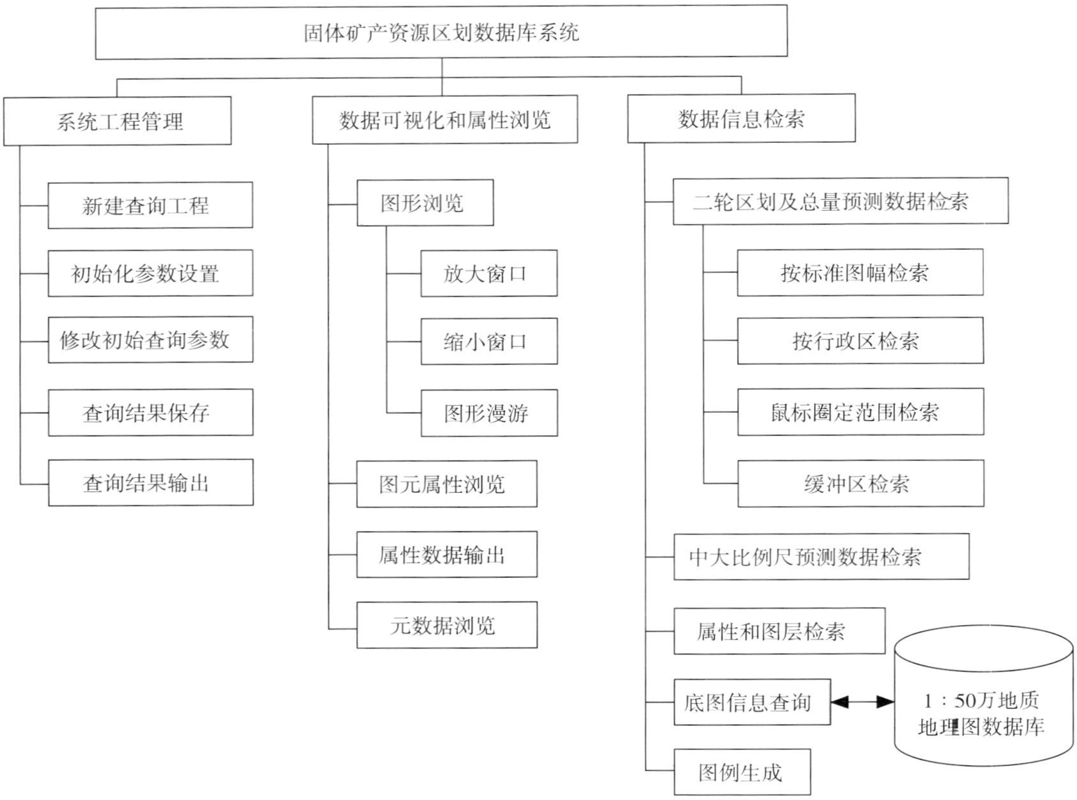

图 3-36　固体矿产资源区划数据库系统主要功能框架图

第十三节　同位素地质测年数据库

一、建设情况

海南省同位素地质测年数据库于 2003 年由海南省地质调查院建成。数据库主要收录历年海南省 1：5 万区域地质调查以及地质科研工作中获取的同位素地质年龄数据。

该库在矿产资源潜力评价工作中有一定参考意义。

二、数据库现状

海南省同位素地质测年数据库为 MS Access 2000 和 DBF 两种格式，共收录涉及 12 种同位素测试方法的同位素地质年龄样品 204 个，同位素年龄数据 459 个（其中钾氩法 54 个、钾氩等时线法 2 个、铷锶法 139 个、铷锶等时线法 23 个、钐铷法 12 个、钐铷等时线法 3 个、铀钍铅法 163 个、铀铅等时线法 2 个、铀铅一致曲线法 14 个、铅铅蒸发法 4 个、碳 14 法 14 个、热释光法 29 个）；包括样品基本信息及样品测定数据两部分。基中样品基本信息包括样品采集信息、包括年龄数据采集地的行政区划、地理经度、地理纬度、所属 1：20 万图幅编号；样品采集信息包括样品原始样号、资料来源、分析时间、分析单位、测定方法；样品地质信息包括岩石名称、产出地质体、地质年代、地质特征等内容。数据库现状信息详见表 3-13。

表 3-13　海南省同位素地质测年数据库现状

序号	现状大类	现状子类	现状内容
1	数据库基本情况	数据库名称	海南省同位素地质测年数据库
		数据库主要内容	主要收录历年来在海南岛完成的 1∶5 万区域地质调查报告及有关地质科研的科技文献中的同位素测年数据，包括了样品基本信息及样品测定数据信息等内容
		数据库类型/形式	Access+DBF+ESRI Shape 文件集
		数据库主要格式	Ms Access 2000
		数据库建库标准	《同位素地质年龄数据库建设工作指南》（2.0 版）（中国地质调查局，2002）
		采用元数据标准	《地质调查元数据内容与格式标准》（中国地质调查局，2001）
		数据量	同位素地质年龄样品 204 个，同位素年龄数据 459 个，数据量 2.6MB
		空间数据的覆盖范围、比例尺、坐标参数	坐标范围 18.2°—20.2°N、108.6°—111.1°E，经纬度坐标系，高斯-克吕格投影、6 度带、中央经线 111°
		数据密级	公开
		数据库数据覆盖专业名称	地质、同位素地质年代学
		数据库建设起止时间、负责人、主要技术人员	2001—2003 年，负责人金小鸿，主要技术人员陆清
		数据库维护历史记录、负责人、主要技术人员	无
		数据库更新方式	根据需要更新
		数据库数据或原始资料源头	①截至 2001 年 1∶5 万区域地质调查工作中采集的同位素年龄成果资料；②部分地学科研工作中获得的同位素年龄数据；③小部分数据来源于《全国同位素地质年龄数据汇编》
		数据库管理具体单位	海南省地质调查院
		数据库存放具体单位	海南省地质调查院
		数据库的用户群	单位内部
		数据库应用状况描述	无
		数据库存在的主要问题描述	数据库建成后未进行过维护
		数据库其他情况描述	无
2	数据库管理系统运行环境	数据库运行的硬件环境	最低配置：PⅢ 450 以上 PC、笔记本电脑，内存 128MB
		数据库运行的操作系统	MS Windows 2000/XP
		使用的数据库系统	MS Access 2000
		与其他相关应用系统的关系	无
3	数据库管理系统体系结构	数据库管理系统的体系结构图	目前使用的数据库管理系统为《全国同位素数据库应用系统》（CIGAS 1.0），该系统采用 ESRI MapObjects 构件为基础在 Windows 2000/XP 下开发
		数据库管理系统的高层流程图	见图 3-37
4	数据库管理系统功能	数据库管理系统的主要功能描述	见图 3-38
5	数据库概念模型	数据库概念模型	见图 3-39

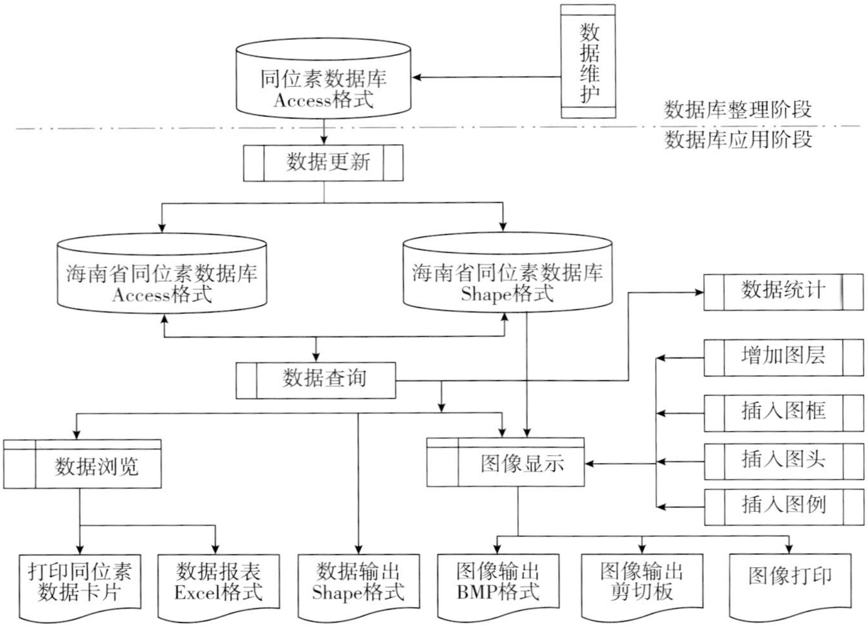

图 3-37　同位素数据库应用系统高层流程图

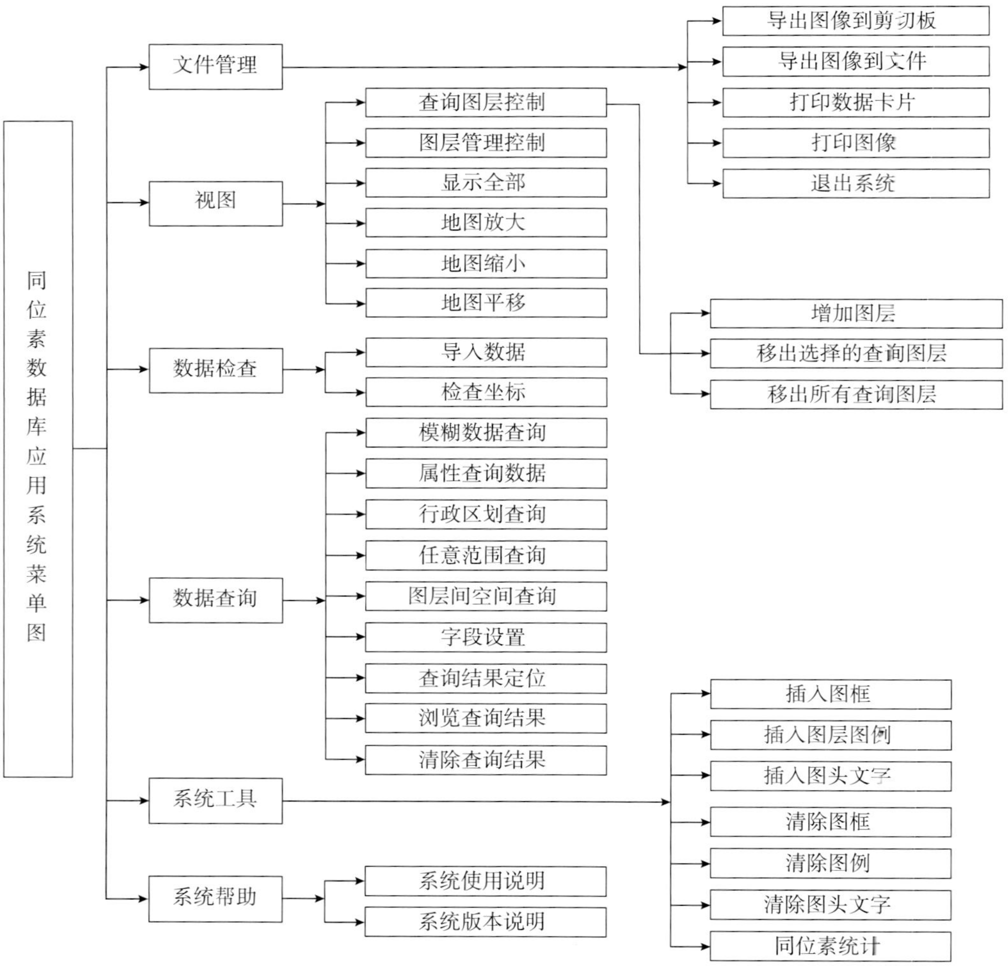

图 3-38　同位素数据库应用系统功能框架图

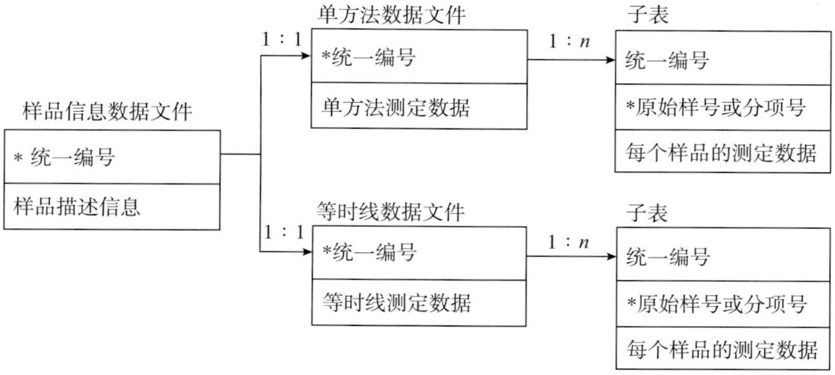

图 3-39　同位素地质测年数据库实体 E-R 图

第十四节　地层数据库

一、建设情况

海南省地层数据库是地质矿产部专项地勘科技项目（编号：DZ 1992-01）《全国地层数据库》的一个组成部分，它既是全国地层数据库的一个基本子库，同时又是一个独立、完整的省级地层数据库，它是伴随着“全国地层多重划分对比研究”项目同时展开的。

《全国地层数据库》基于“全国地层多重划分对比研究”成果于 1996 年建成，并开发了相应的管理系统。1996—1999 年对《全国地层数据库》进行了维护。2002 年，推出了基于新的 Windows 操作系统的管理软件——《中国岩石地层单位信息系统》（CLIS 2.0 版）。

二、数据库现状

海南省地层数据库以本省地层多重划分对比研究成果为基础，应用现代地层学和沉积学的理论和研究方法，对涉及本省的所有地层单位做了系统的对比、厘定及清理。目前数据库收录有建议使用的岩石地层单位 58 个，建议停用的岩石地层单位 29 个，地层实测剖面 129 条。该数据库在矿产资源潜力评价工作中有一定参考意义。数据库现状信息详见表 3-14。

表 3-14　海南省地层数据库现状

序号	现状大类	现状子类	现状内容
1	数据库基本情况	数据库名称	海南省地层数据库
		数据库主要内容	本省地层多重划分对比研究成果，目前收录有建议使用的岩石地层单位 58 个，建议停用的岩石地层单位 29 个，地层实测剖面 129 条
		数据库类型/形式	DBF+SHP 文件集
		数据库主要格式	Visual Foxpro 5.0，超文本
		数据库建库标准	不详
		采用元数据标准	标准不详。元数据实体与元素见图 3-40
		数据量	不详
		空间数据的覆盖范围、比例尺、坐标参数	坐标范围 18.20°—20.2°N、108.6°—111.05°E，经纬度坐标系，高斯-克吕格投影、6 度带、中央经线 111°

续表

序号	现状大类	现状子类	现状内容
1	数据库基本情况	数据密级	公开
		数据库数据覆盖专业名称	地质、地层学、岩石地层
		数据库建设起止时间、负责人、主要技术人员	1992—1996 年，30 个省（区、市）均参与了数据库建库
		数据库维护历史记录、负责人、主要技术人员	无
		数据库更新方式	未更新
		数据库数据或原始资料源头	海南省地层清理成果——《全国地层多重划分对比研究 海南省地层单位》（中国地质大学出版社，1997）
		数据库管理具体单位	海南省地质调查院
		数据库存放具体单位	海南省地质调查院
		数据库的用户群	单位内部
		数据库应用状况描述	无
		数据库存在的主要问题描述	无
		数据库其他情况描述	2002 年中国地质调查局分发数据库及管理系统给本省使用
2	数据库管理系统运行环境	数据库运行的硬件环境	PC486 以上，内存≥16MB，硬盘 1.6GB 以上
		数据库运行的操作系统	软件支持环境：MS Windows Me 或 2000 以上操作系统，PC ArcView
		使用的数据库系统	Foxpro 5.0
		与其他相关应用系统的关系	无
3	数据库管理系统体系结构	数据库管理系统的体系结构图	数据库管理系统为《中国岩石地层单位信息系统 CLIS》，其体系结构见图 3-41。其中 CLIS 数据采集系统、CLIS 岩石地层单位空间库、CLIS 元数据管理系统是分别独立运行的，通过 Windows 程序组的建立来构成 CLIS 一个完整的整体
		数据库管理系统的高层流程图	见图 3-42
4	数据库管理系统功能	数据库管理系统的主要功能描述	①数据采集录入、更新和维护；②岩石地层单位（剖面）空间数据查询、管理、检索等；③岩石地层单位（剖面）元数据采集录入、更新和维护
5	数据库概念模型	数据库概念模型	见图 3-43

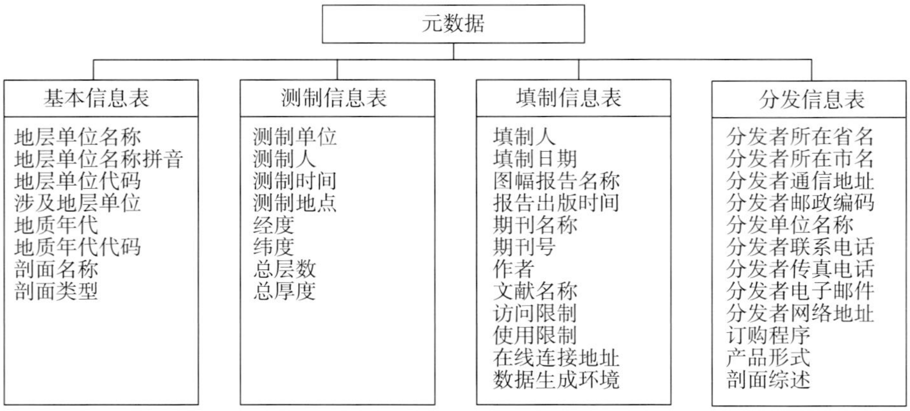

图 3-40　元数据实体与元数据元素

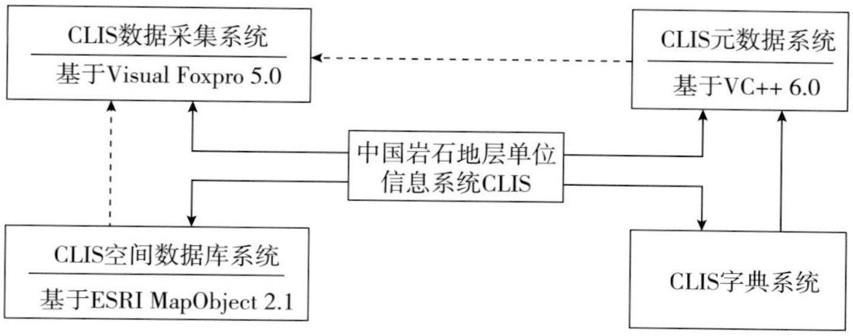

图 3-41　岩石地层单位信息系统 CLIS 体系结构图

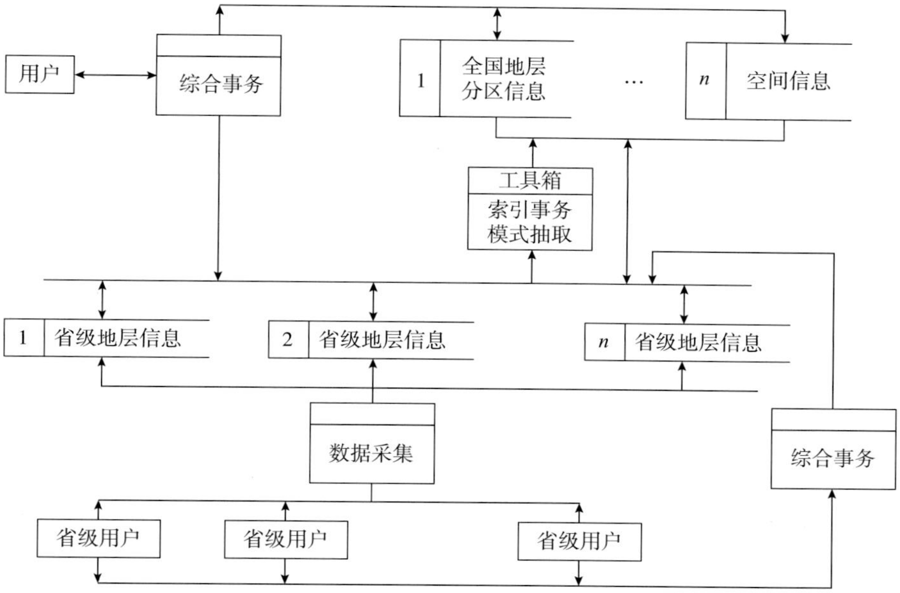

图 3-42　CLIS 数据流图

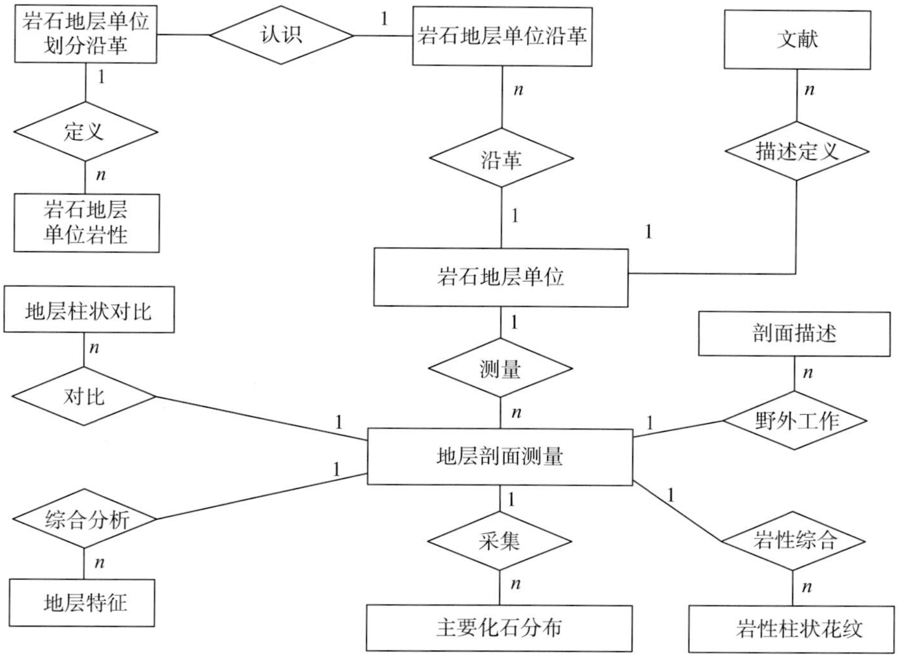

图 3-43　岩石地层单位基本 E-R 图

第十五节　1∶5 万地质图空间数据库

一、建设情况

我国从 20 世纪 60 年代系统开展 1∶5 万区域地质调查以来，积累了海量的基础地质成果资料。但由于这些资料分散于各个地勘单位，加之机构的调整变化，部分资料濒于失散。鉴于此，从 1999 年开始，中国地质调查局组织开展 1∶5 万区域地质图空间数据库建设工作，应用现代信息技术手段，对已有的 1∶5 万区域地质调查成果资料进行全面系统的数字化、汇总、建库和管理。该项工作可为地质研究、矿产资源评价、基础设施规划、城市建设、科学研究等社会各领域提供翔实的地学数据，并助力地质成果信息的社会化服务目标之实现。

数据库建设由中国地质调查局发展研究中心负责，各大区中心、各省（区、市）地质调查院、地勘（矿）局（厅）或地质调查信息工作部门参加，分年度实施。本着边建设边服务的宗旨，数据库成果已为相关单位提供了数据服务。

根据中国地质调查局下达的年度任务要求，海南省地质调查院从 2005 年开始本省 1∶5 万地质图空间数据库回溯性建库工作（图 3-44）。

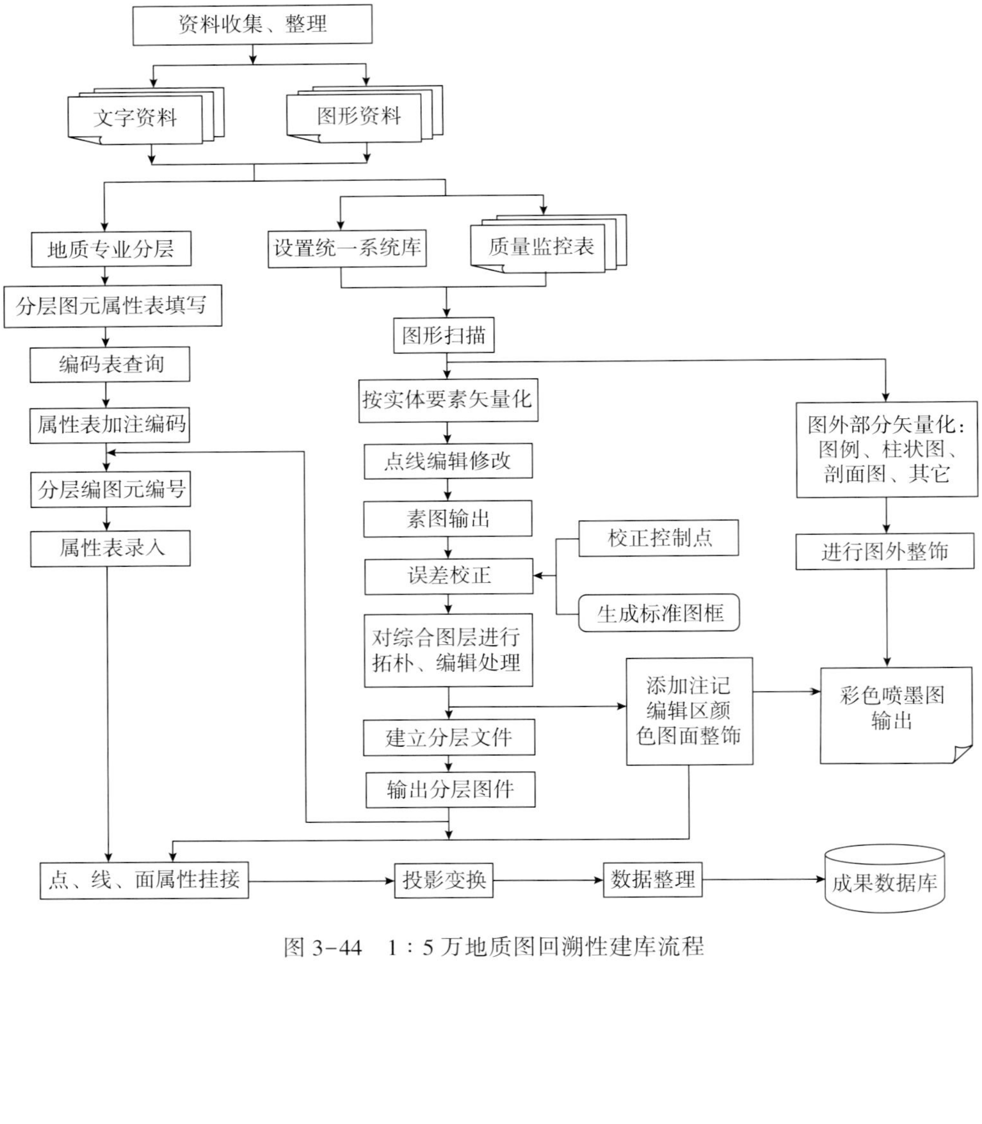

图 3-44　1∶5 万地质图回溯性建库流程

二、数据库现状

截至 2007 年 6 月，海南省 1∶5 万数字地质图空间数据库建设已完成 11 个 1∶5 万图幅（图 3-45），建库平台为 MapGIS 6.2—MapGIS 6.7。数据库现状信息详见表 3-15。

表 3-15　海南省 1∶5 万地质图空间数据库现状

序号	现状大类	现状子类	现状内容
1	数据库基本情况	数据库名称	海南省 1∶5 万地质图空间数据库
		数据库主要内容	11 个 1∶5 万标准图幅地质图空间数据，包括矿产地、产状、同位素年龄采样点、化石采样点、地层、侵入体、岩脉、围岩蚀变、构造变形带、图幅基本信息、地质界线、断裂及地理要素等。所有要素均建立了相应的属性数据
		数据库类型/形式	DBF+MapGIS 文件集
		数据库主要格式	MapGIS 内置数据库系统；Dbase
		数据库建库标准	中国地质调查局发展研究中心《1∶5 万区域地质图空间数据库分省建设实施细则》（2005 版、2006 版）
		采用元数据标准	中国地质调查局《地质信息元数据标准》（2005 版）；中国地质调查局《地质调查元数据内容与结构标准》（2006 版）
		数据量	1∶5 万地质图空间数据库 11 个标准图幅，包括了光栅地质图、矢量化地质图、基于 GIS 的数字地质图和 MapGIS 格式数字地质图空间数据库，以及元文件、图示图例库等内容。数据量为 1526MB
		间数据的覆盖范围、比例尺、坐标参数	坐标范围 18.33°—19.5°N、108.75°—109.5°E，北京坐标系，高斯-克吕格投影、6 度带、中央经线 111°
		数据密级	机密
		数据库数据覆盖专业名称	地质、区域地质
		空数据库建设起止时间、负责人、主要技术人员	2005—2006 年，负责人何国伟，主要技术人员范小慧、韩雪霞等
		数据库维护历史记录、负责人、主要技术人员	数据库建设中，无维护记录
		数据库更新方式	无
		数据库数据或原始资料源头	数据库引用通过评审的 1∶5 万区域地质调查成果，包括区域地质调查报告、地质图说明书、1∶5 万纸质地质图及原始调查记录等。资料来源于海南省地质矿产勘查开发局资料室
		数据库管理具体单位	海南省地质调查院
		数据库存放具体单位	海南省地质调查院
		数据库的用户群	单位内部
		数据库应用状况描述	无
		数据库存在的主要问题描述	尚无数据库管理系统，影响数据库使用
		数据库其他情况描述	无

续表

序号	现状大类	现状子类	现状内容
2	数据库管理系统运行环境	数据库运行的硬件环境	无
		数据库运行的操作系统	无
		使用的数据库系统	无
		与其他相关应用系统的关系	无
3	数据库管理系统体系结构	数据库管理系统的体系结构图	无
		数据库管理系统的高层流程图	无
4	数据库管理系统功能	数据库管理系统的主要功能描述	无
5	数据库概念模型	数据库概念模型	无

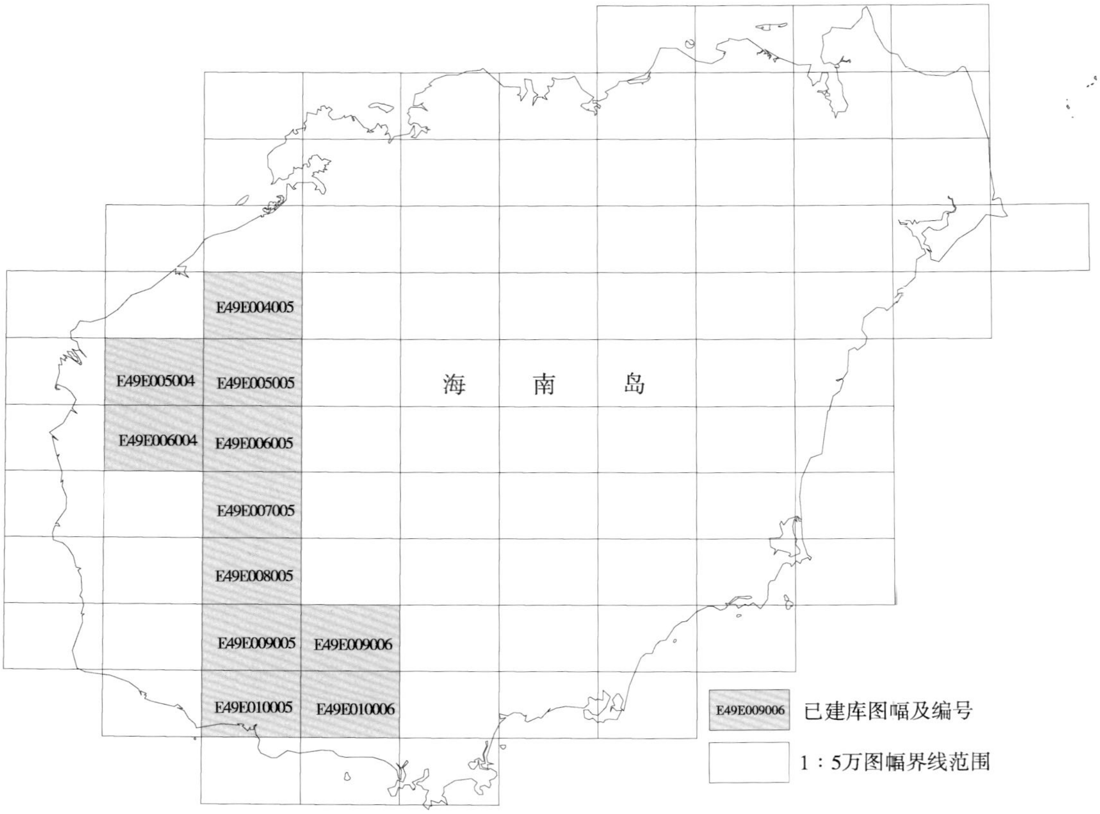

图 3-45　1：5 万地质图回溯性建库完成图幅分布

第十六节　地理底图数据库

一、数据来源

本次省级潜力评价工作将编制大量专题研究和成果图件，比例尺从 1：500—1：50 万不等，因此将使用不同比例尺的地理底图数据。目前能提供使用的有1∶50万、1∶25万基础地理数据，大于1∶25万的地理数据一般须从评价工作引用的图件中通过矢量化获取（如果引用的是数字图件则不需要矢量化）。

1. 海南省1∶50万基础地理数据库

从1∶50万地质图数据库中获取，数据格式是MapGIS格式，坐标参照系为1954年北京坐标系、高斯-克吕格投影，6度带。其数据源头为国家基础地理信息中心的1∶50万数字地理底图数据库（数据现势性至1998年12月）。

2. 海南省1∶25万地理底图数据库

本次潜力评价工作使用的1∶25万地理底图数据库由国家基础地理信息中心1995—1998年建立，2002年国家测绘局对该数据库进行了更新，数据库现势情况最旧达到2000年底，部分资料现势性情况达到2002年。数据格式为ArcInfo Coverage。详细情况见表3-16。

为了满足潜力评价工作需要，全国矿产资源潜力评价项目管理办公室委托山东省国土资源厅信息中心将全国1∶25万地理底图数据库转换到MapGIS格式，并按照《固体矿产预测评价方法技术》规定对数据进行标准化处理，分发各省使用。

上述数据来源过程如图3-46所示。

表3-16　海南省1∶25万地理底图数据库现状

序号	现状大类	现状子类	现状内容
1	数据库基本情况	数据库名称	海南省1∶25万地形图数据库
		数据库主要内容	涉及政区、居民地、铁路、公路、水系、地貌、土地覆盖、其他要素、辅助要素等地形图全要素数据，分为13层存放，各层包括一个或多个属性表
		数据库类型/形式	ArcInfo Coverage
		数据库主要格式	ESRI ArcInfo 7.1
		数据库建库标准	《国家基础地理信息系统全国1∶25万数据库技术规定》（内部资料）
		采用元数据标准	《基础地理信息元数据》
		数据量	涉及本省海南岛范围的6个1∶25万标准分幅地理底图数据，数据量36.5MB
		空间数据的覆盖范围、比例尺、坐标参数	坐标范围18°—21°N、108°—112.5°E，西安坐标系，高斯-克吕格投影、6度带、中央经线111°
		数据密级	秘密
		数据库数据覆盖专业名称	测绘、基础地理信息
		数据库建设起止时间、负责人、主要技术人员	1995—1998年，国家基础地理信息中心
		数据库维护历史记录、负责人、主要技术人员	2002年国家测绘局对该数据库进行了更新，数据库现势情况最旧达到2000年底，部分资料现势性情况达到2002年
		数据库更新方式	按需求日常更新
		数据库数据或原始资料源头	数据源：中华人民共和国国家测绘局编制的中国1∶25万地形图
		数据库管理具体单位	海南省地质调查院
		数据库存放具体单位	海南省地质调查院

续表

序号	现状大类	现状子类	现状内容
1	数据库基本情况	数据库的用户群	单位内部
		数据库应用状况描述	作为基础测绘成果被广泛应用
		数据库存在的主要问题描述	①图幅之间未接边，内图框不重合；②面状水系要素中的陆地位置未做挖空处理；③个别原始数据属性错误或不全
		数据库其他情况描述	2007 年由全国矿产资源潜力评价项目管理办公室委托山东省国土资源厅信息中心将全国 1∶25 万地理底图数据库转换到 MapGIS 格式，并对数据进行标准化处理，然后按省分发使用
2	数据库管理系统运行环境	数据库运行的硬件环境	无
		数据库运行的操作系统	无
		使用的数据库系统	数据库管理系统采用 ArcInfo 7.1 版
		与其他相关应用系统的关系	无
3	数据库管理系统体系结构	数据库管理系统的体系结构图	无
		数据库管理系统的高层流程图	无
4	数据库管理系统功能	数据库管理系统的主要功能描述	无
5	数据库概念模型	①数据库概念模型	①以矢量方式存储管理 1∶25 万地形图上的境界、水系、交通、居民地、地貌等要素；②数据库采用无直接关联关系的图层模型，图层之间只保留数据在空间位置上的一致性，没有建立内在的联系

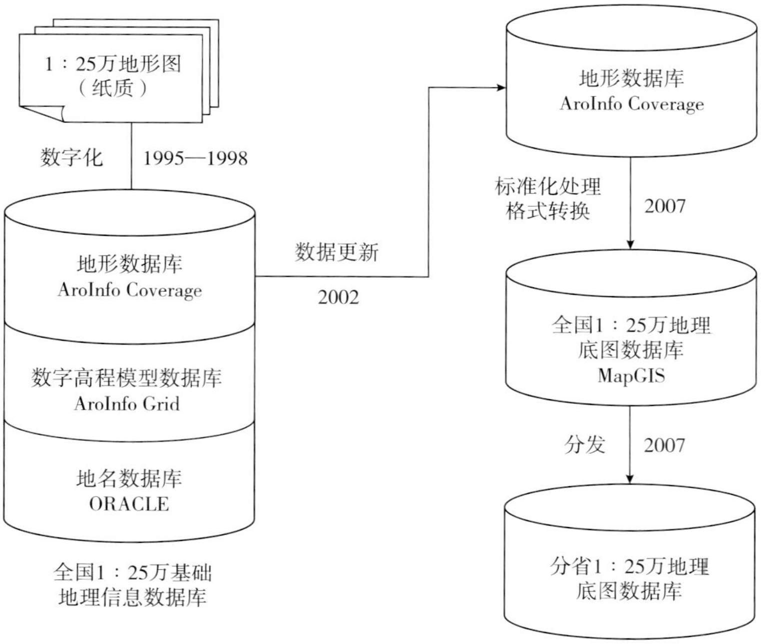

图 3-46　分发的海南省 1∶25 万地理底图数据库由来

二、数据库现状

下发的海南省 1∶25 万地理底图数据库共涉及本省 6 个 1∶25 万标准分幅，采用 1980 西安坐标系、1985 国家高程基准，数据格式为 MapGIS 6.7。数据共分为政区、居民地、铁路、公路、水系、地貌、土地覆盖、其他要素、辅助要素等 9 类共 31 个图层（表 3-17），数据质量可靠，可满足本次潜力评价对 1∶25 万地理底图的需求。

表 3-17　1∶25 万地理底图数据库分层表

图层类别	MapGIS 图层名	图层含义	图层类型
政区	BOUNT_ ARC. WL	政区界线、海岸线、岛屿	线
	BOUNT_ POLYGON. WP	省、地、县政区，海岛，国外政区	面
	BOUNT_ REGION_ PROV. WP	省级行政区、海域、国外政区	面
	BOUNT_ REGION_ DIST. WP	地级行政区、国外政区	面
	BOUNT_ REGION_ CNTY. WP	县级行政区、国外政区	面
	BOUPT_ POINT. WT	国界界牌点及其编号	点
居民地	RESPY_ ARC. WL	乡、镇及以上等级真形居民地边界线	线
	RESPY_ POLYGON. WP	乡、镇及以上等级真形居民地	面
	RESPY_ REGION_ POPU. WP	乡、镇及以上等级真形居民地及其等级	面
	RESPT_ POINT. WT	居民地类别及其名称	点
铁路	RAILK_ POINT. WT	铁路、铁路桥、火车站等铁路附属要素	点
	RAILK_ ARC. WL	铁路路线	线
	RAILK_ ROUTE_ RAI. WL	主要铁路路线	线
公路	ROALK_ ARC. WL	高速公路、国道、省道、县乡道、乡村路、小路、公路桥等	线
	ROALK_ POINT. WT	山隘、码头、轮船停泊场等	点
	ROALK_ ROUTE_ NAT. WL	国道的编号及道路起点、终点城市的地名	线
	ROALK_ ROUTE_ PRV. WL	省道的编号及道路起点、终点城市的地名	线
水系	HYDNT_ ARC. WL	以线表示的水系要素：河流、湖泊、水库、渠道、运河等	线
	HYDNT_ POLYGON. WP	以多边形表示的水系要素：双线河、湖泊、水库、运河等	面
	HYDNT_ ROUTE_ HYD. WL	五级以上河流名称和代码	线
	HYDNT_ REGION_ LAKE. WP	主要湖泊	面
	HYDLK_ ARC. WL	水库坝、不依比例尺水库、丛礁等	线
	HYDLK_ POINT. WT	不依比例尺泉、井、水库、明礁、暗礁等	点
地貌	TERLK_ ARC. WL	等高线、等深线、冲沟等	线
	TERLK_ POINT. WT	三角点、天文点、高程点、水深点、火山口	点
土地覆盖	TERNT_ ARC. WL	土地覆盖多边形边界（沙漠、雪被边线等）	线
	TERNT_ POLYGON. WP	以多边形描述的土地覆盖（沙漠、雪被等）	面
其他要素	OTHNT_ ARC. WL	自然保护区边线、长城等	线
	OTHNT_ POLYGON. WP	自然保护区	面
辅助要素	ATNLK_ ARC. WL	线要素散列地名（山脉、群岛、海口等）	线
	ATNLK_ POINT. WT	点要素地名和非散列地名（山脉、岛屿等名称）	点

第十七节　地学数据库现状综述

除了上述调研的地学数据库外，全国航空电磁数据库和全国航空放射性数据库为国土资源航空遥感中心等单位完成，在本次潜力评价时未分发至本省使用。对在潜力评价工作中未利用到的水工环专业类地学数据库不开展现状调研。

综观上述各类地学数据库现状可见，数据库建设时间主要集中于20世纪90年代末至21世纪初，正值伴随计算机技术发展起来的各类信息技术迅猛发展阶段；数据现势性整体较好。随着全国数字国土工程的推进，海南省已基本构建成一个由基础数据库和综合成果数据库构成的较为完善的地学数据库体系，基本能满足本省地质矿产管理和调查评价工作的需要，它既为本省地质资料的有效管理、开发应用、信息共享和综合研究提供了现代化手段和方法，又可通过进一步的维护更新以满足本次资源潜力评价需要奠定了扎实的数据资料基础。

第四章　地学数据库维护与更新

地学数据库的维护整理是数据应用和矿产资源潜力预测的基础。为满足潜力评价工作需要，需对这些数据库进行维护与更新。

地学数据库维护工作的内容大致可分为两类，一是已入库数据的检查、核实、查错纠偏或重新整理，二是补充未入库的地质资料，最终形成可以提取各类找矿信息的符合各项技术标准的地学数据库。

根据工作安排和分工，海南省矿产资源潜力评价实施过程中对本省的 1∶25 万数字地质图数据库、矿产地数据库、自然重砂数据库、区域地球化学数据库、区域重力数据库、航磁数据库、地质工作程度数据库、遥感影像图数据库共 8 类数据库进行了维护。同位素地质测年数据库、地层数据库、1∶5 万地质图空间数据库未做维护。二轮区划数据库由中国地质科学院矿产资源所整理完成，下发本省使用，因此无须维护。

1∶25 万地理底图数据库为维护后下发的数据，因此无须维护。1∶50 万地理底图数据库本次补充了新建的交通线路，并按新的行政区划和居民地级别对少数内容做了更新。

本次地学数据库维护广泛收集了本省各个地质资料馆藏机构的地质资料，维护更新后的各类数据库全面反映了本省地质工作的最新成果及水平，较好地满足了矿产资源潜力评价工作的需要。

本章详细介绍海南省矿产资源潜力评价实施过程中对 8 类基础地学数据库维护与更新情况，主要涉及工作内容、方法和流程、完成情况等方面。

第一节　1∶25 万数字地质图数据库

一、工作内容

海南省 1∶20 万数字地质图数据库 2002 年建成后，未开展过 1∶20 万基础地质调查。该数据库中未开展 1∶5 万区域地质调查的区域仍采用原 1∶20 万区域地质图的内容，其图件存在资料陈旧、学术观点过时等因素，不利于再被引用。加之自 2000 年开始的 1∶25 万区域地质调查范围已覆盖全省，因此本次潜力评价工作不再维护原 1∶20 万数字地质图数据库，而是对全省 1∶25 万地质图数据库进行维护。

主要有 3 个方面的工作：

（1）对原 1∶25 万地质图（出版图）进行全面检查，记录并更正其错误。

（2）对原数据库的数据进行检查，包括属性检查（年代代码与符号的一致性、岩性代码与符号的一致性、地质内容的图面表示与属性内容的一致性等）、拓扑关系检查（包括面、线的拓扑错误检查等）、扣合检查、图廓精度检查、属性结构检查等。

（3）统一系统库，即采用全国矿产资源潜力评价统一系统库对原图的符号、线型、颜色和图案进行更替，对于注记符号采用子图形式的，改为用文字注释的形式表达。

二、方法与流程

维护与更新以《数字地质图空间数据库》（DD 2006—06）（中国地质调查局，2006）为标准，并依据《地质信息元数据标准》（DD 2006—05）（中国地质调查局，2006）更新图幅元数据。

维护工作流程见图 4-1。

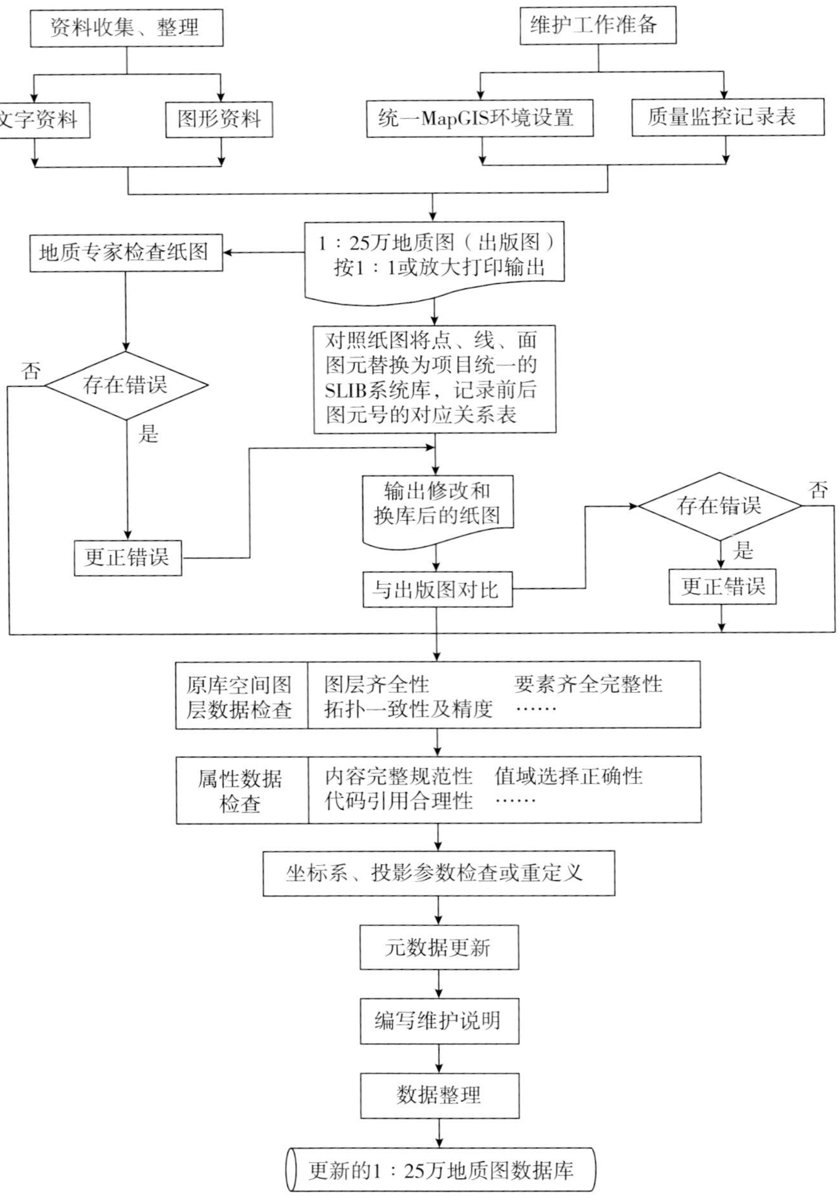

图 4-1　1：25 万地质图数据库维护工作流程图

三、完成情况

本次维护不涉及新增图幅的建库，仅对覆盖整个海南全岛的 6 幅 1：25 万地质图数据库进行了维护。其中，F49C004002 海口市幅地质图数据库只涉及本省部分，不涉及广东省行政境界。具体维护情况见表 4-1。

表 4-1　海南省 1∶25 万数字地质图数据库维护情况

序号	维护大类	维护子类	维护情况
1	数据库维护基本情况	数据库名称	海南省 1∶25 万地质图数据库
		数据库维护主要内容	①数据检查包括属性检查（包括年代代码与符号的一致性、岩性代码与符号的一致性、地质内容的图面表示与属性内容的一致性）、拓扑关系检查（包括面、线的拓扑错误检查）、扣合检查、图廓精度检查、属性结构检查；②系统库更换为潜力评价统一的系统库
		数据库维护技术要求	《数字地质图空间数据库》（DD 2006—06）（中国地质调查局，2006）
		元数据维护情况	依据《地质信息元数据标准》（DD 2006—05）（中国地质调查局，2006）更新图幅元数据，提交 XML 和 TXT 两种格式
		维护前数量	1∶25 万地质图数据库 6 幅
		维护后数量	1∶25 万地质图数据库 6 幅
		新增数量	无新增图幅
		空间数据的覆盖范围、比例尺、坐标参数	坐标范围 18.167°—20.167°N、108.617°—111.005°E，1∶25 万，北京坐标系，高斯-克吕格投影，6 度带，中央经线 111°
		数据库维护负责人、主要技术人员	负责人何国伟，主要技术人员莫位任
		数据库维护资料来源	本省 1∶25 万区域地质调查于 2000—2007 年完成，其中，东方县幅采用数字填图方法开展工作并建库；乐东县幅、陵水县幅 2007 年由武汉地质调查中心李莉等采用数字填图方法回溯性建库；其他图幅 2008 年由何国伟采用数字填图方法回溯性建库
		数据库维护存在的主要问题描述	（1）东方县幅：出版图的地层柱状图中鹿母湾组下为陀烈组（MAP 文件夹），而在数据库的图式图例中，鹿母湾组下为峨文岭组； （2）东方县幅：出版图的地理底图中少数内容（如堤、沙洲线）使用了不存在的线型，或是白色线，造成出版图上未能显示； （3）东方县幅：不整合地质界线的图例在出版图与数据库不一致； （4）东方县幅：出版图工程文件的图层中图元归放不合理，随意性大； （5）陵水县幅：缺少褶劈理产状图例； （6）乐东县幅和陵水县幅：数据库的个别图层中的内容归属不正确； （7）个别点文件中出现点图元重复重叠的现象。 上述问题维护时已更正
		数据库其他情况描述	
2	数据库概念模型维护情况	数据库概念模型变化情况	详见《数字地质图空间数据库》（DD 2006—06）（中国地质调查局，2006）
3	数据库维护后地质工作程度略图	地学数据库附工作程度略图	见图 4-2
4	数据库维护工作流程	数据库维护工作流程框图	见图 4-1
5	数据库维护验收情况	数据库维护工作完成情况	完成 6 幅 1∶25 万地质图数据库的维护，完成率 100%
		数据库维护工作验收情况	2011 年 5 月在北京对数据库进行了验收，验收结果为优秀级

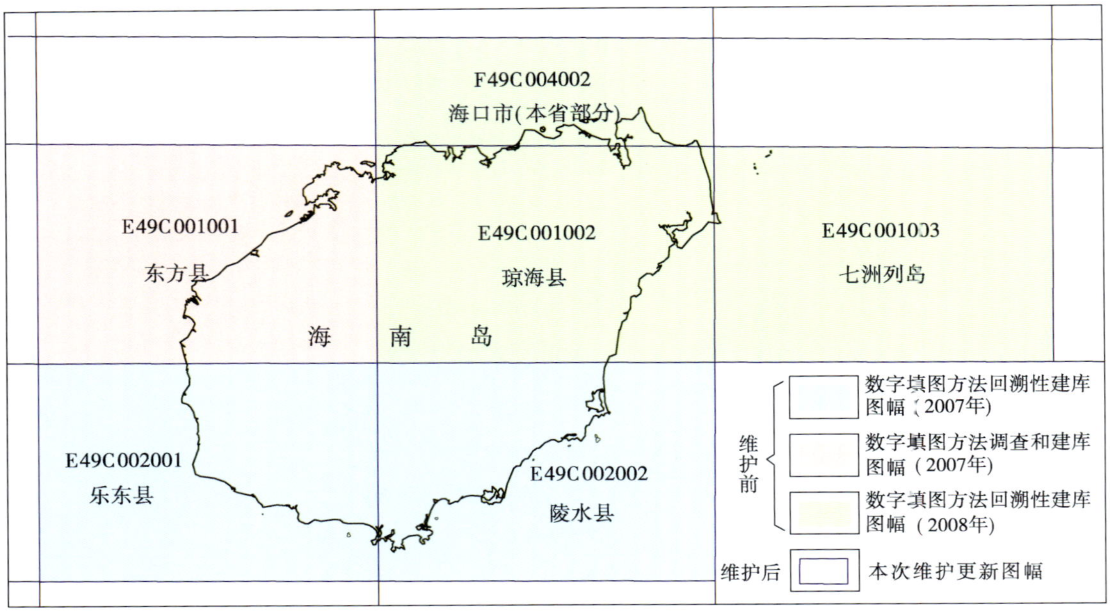

图 4-2　1∶25 万地质图数据库维护情况图

第二节　矿产地数据库

一、工作内容

为配合省级矿产资源潜力评价工作，2008 年全国矿产资源潜力评价项目部署开展矿产地数据库维护工作，由各省（区、市）对已建成的本省（区、市）矿产地数据库进行维护更新。

海南省矿产地数据库维护主要有两个方面的工作：

（1）对下发的矿产地数据库进行检查，并记录维护情况：①剔除重复的矿产地记录；②更正检查中发现的问题，重点关注矿产地的经纬度坐标、矿床规模、矿床成因类型、资源储量等内容，并统一资源储量单位。

（2）补充未入库的矿产地数据，包括 1∶5 万区域地质调查报告中有关矿产的内容，重点是与潜力评价矿种有关的大型矿床、中型矿床、小型矿床、矿点和矿化点的信息。资料截止时间为 2007 年底。

该次维护成果于 2009 年 1 月通过了验收。为满足后续其他矿种的资源潜力评价需要，2009—2012 年又通过“国家基础地质数据库维护与更新”项目对矿产地数据库进行了维护。

二、方法与流程

1. 原库核查

①首先，根据数据库的“矿产地基本情况表”中矿产地名、交通位置、地理经度和纬度等信息判别是否为同一矿产地（由于不同勘查单位在同一矿区开展工作的四至范围不完全一致，矿区取名也各异，造成了数据库中多条记录实为同一矿产地的情况）。一般情况下矿区坐标位置较接近的，有可能是同一矿产地。对同一矿产地分割为不同矿段、不同矿脉带等情形也要一一梳理甄别；

其次，如果“矿产地基本情况表”信息尚不能判定是否属同一矿产地的，进一步核对数据库中的“勘查工作基本信息表”，了解调查单位、报告名称等信息；再次，有必要时查阅相关勘查报告；最后，确定是同一矿产地的，要剔除重复记录。②对数据库属性信息核查中发现的问题，要有充分依据并经专家审核才予以修改，并做好维护记录，严把数据质量关。③按统一要求更新库中的资源储量单位，单位有改变的，要相应更新资源储量的数值。

2. 数据补充

主要有资料收集整理、矿产地数据库采集卡片填写和检查、卡片录入和形成成果等工作。①全面收集整理地质资料馆藏机构和地勘单位保管的矿产地勘查报告、区域地质调查报告、各年度资源储量简表等资料，筛选出符合入库要求的矿产地。②根据建库工作指南中对各属性表的属性项填写要求，通过查阅资料来填写矿产地数据库采集卡片。填写内容要求为下属词代码的，要正确引用代码。③按数据库质量监控体系要求，对采集卡片开展自检、互检和抽检，由资深地质矿产专家进行质量把关，确保卡片内容真实、准确。④将卡片内容录入电脑，并打印输出校检。此阶段同样要严格执行自检、互检和抽检。⑤矿区图件一般以扫描矢量化的方式采集获取，亦可以扫描以栅格格式入库。⑥将矿产地坐标投图，然后叠加地理底图，检查矿产地所在行政区划位置是否准确。⑦形成成果阶段，要利用检查软件全面检查数据库的逻辑性、资源储量数据钩稽关系、极值等关键内容，确认无问题后，更新元数据、编写维护工作报告、整理文档，提交最终的维护成果。维护工作流程见图 4-3。

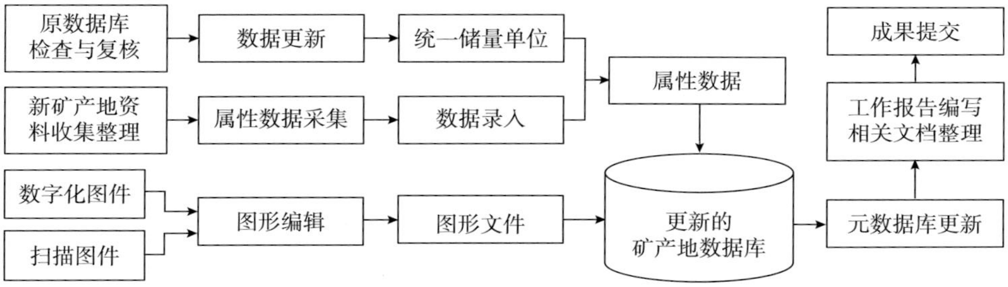

图 4-3　矿产地数据库维护工作流程图

三、完成情况

按照潜力评价项目对数据库维护的要求，矿产地数据库维护的资料截止日期为 2007 年 12 月。

2009—2012 年“国家基础地质数据库维护与更新”项目对矿产地数据库继续进行了维护，最终引用的资料截止时间为 2011 年底。各年度维护情况见表 4-2。

表 4-2　2009—2012 年“国家基础地质数据库维护与更新”项目维护情况

工作年度	维护更新情况	成果验收单位	验收等级	资料截止时间
2009	新增 26 处，维护后矿产地总数 363 处	宜昌地质调查中心	优秀	2008 年
2010	新增 5 处，维护后矿产地总数 368 处	宜昌地质调查中心	优秀	2009 年
2011	新增 24 处，维护后矿产地总数 392 处	武汉地质调查中心	优秀	2010 年
2012	新增 18 处，维护后矿产地总数 410 处	武汉地质调查中心	优秀	2011 年

历次维护引用的资料主要来自海南省全省地质资料馆、原海南省地质矿产勘查开发局资料室。

截至本项目结束时，海南省矿产地数据库最终收录的矿产地数为 410 处。矿产地规模上，以小型矿产地和矿点为主，超大型和大型矿产地占比较低；矿产种类上，非金属矿产地占了约 1/3，黑色金属、有色金属、贵金属和稀有稀土 4 类矿产所占比例较接近（图 4-4）。维护情况见表 4-3。

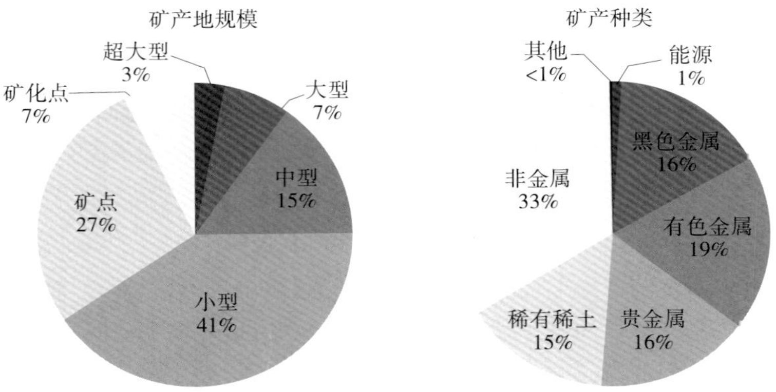

图 4-4　数据库维护后的矿产地规模和矿产种类统计

表 4-3　海南省矿产地数据库维护情况

序号	维护大类	维护子类	维护情况
1	数据库维护基本情况	数据库名称	海南省矿产地数据库
		数据库维护主要内容	①本省矿产地数据库核查，查清哪些是重复的、哪些是错的、哪些是尚未入库的；然后，由长期从事矿产地质工作的专家对每一条记录、每一个字段进行浏览，重点关注地理经度、地理纬度、矿产规模、矿床成因类型、储量等内容。②收集整理本省未入库的矿产地资料，特别是与本次资源潜力预测评价有关矿种的大、中、小型矿床和矿点、矿化点信息（资料截止日期 2011 年 12 月），包括本省全行业的大调查项目、资补费项目、财补项目、地方专项以及社会商业性项目有关成果资料。对收集到的矿产地资料进行入库，更新省级矿产地数据库。③统一矿产地数据库的矿产资源储量属性表中的储量计算单位
		数据库维护技术要求	（1）《矿产地数据库建设工作指南》（中国地质调查局，2003）； （2）《全国矿产资源潜力评价项目数据库维护工作技术要求》（国土资源部，2007）
		元数据维护情况	依据《地质信息元数据标准》（DD 2006—05）（中国地质调查局，2006）更新元数据，提交格式为 XML 和 TXT 两和
		维护前数量	158 条矿产地记录
		维护后数量	410 条矿产地记录
		新增数量	252 条矿产地记录
		空间数据的覆盖范围、比例尺、坐标参数	坐标范围 18. 17°—20. 17° N、108. 6°—111. 04° E，北京坐标系，高斯-克吕格投影、6 度带、中央经线 111°
		数据库维护负责人、主要技术人员	负责人何国伟，主要技术人员何圣华、韩飞
		数据库维护资料来源	本省馆藏地质资料
		数据库维护存在的主要问题描述	
		数据库其他情况描述	“国家基础地质数据库维护与更新”项目采用《矿产地数据库建设工作指南》（中国地质调查局，2009，修订版）
2	数据库概念模型维护情况	数据库概念模型变化情况	“矿产地基本信息属性表”增加“维护情况”字段；“矿产资源储量属性表”依据《固体矿产资源/储量分类》（GB/T 17766—1999）增加了“111 级储量”“122b 级储量”等 16 个字段。“矿产勘查工作基本信息属性表”中的“发现单位”“调查单位”“报告审批单位”字段不再要求填写单位代码，而是依原资料填写单位全称汉字

续表

序号	维护大类	维护子类	维护情况
3	数据库维护后地质工作程度略图	地学数据库附工作程度略图	见图 4-5
4	数据库维护工作流程	数据库维护工作流程框图	见图 4-3
5	数据库维护验收情况	数据库维护工作完成情况	完成工作符合相关指南和设计书要求
		数据库维护工作验收情况	2009 年 1 月在湖北省宜昌市数据库通过了验收，综合评分为 90 分，优秀级。“国家基础地质数据库维护与更新”项目验收情况见表 4-2

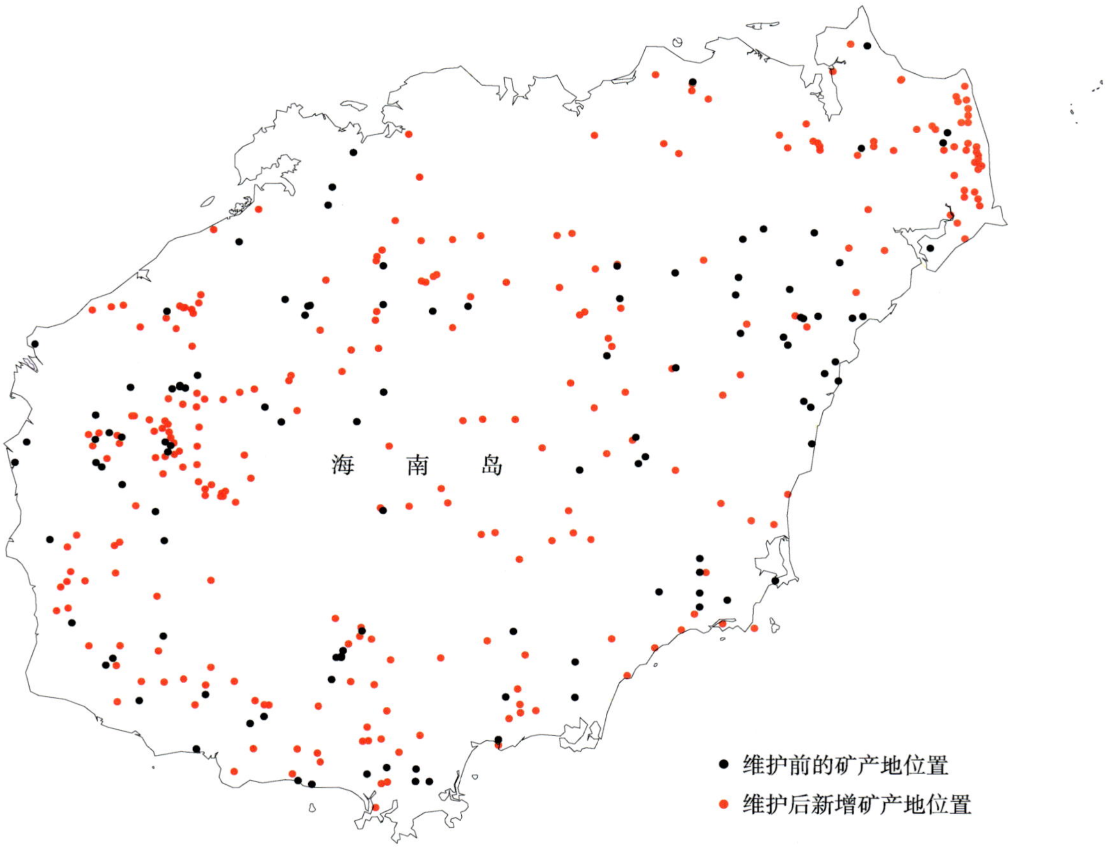

图 4-5　矿产地数据库维护前后对比示意图

第三节　自然重砂数据库

一、工作内容

自然重砂数据可为分析自然重砂矿物来源、判断矿产地大致产出位置范围和圈定成矿预测区等提供重要信息。本次自然重砂数据库维护主要有两方面的工作：

（1）对已建数据库检查维护，主要是对不正常数据或不符合常理的数据（特大值、特小值、仅出现一次等）通过逻辑分析、原始资料核对等方式进行核查，补充重要字段数据。

（2）补充未入库的 1∶5 万自然重砂数据及 1∶20 万自然重砂异常查证数据。

二、方法与流程

1. 原库核查

①重点核查自然重砂样品基本信息表和自然重砂鉴定结果表中影响自然重砂异常计算的关键字段值。②核查数据表中关键字段的最大值和最小值，对唯一极值与自然重砂野外工作方法不符合的数据，需要查阅原始资料进行核实；缺失的数据项则按要求予以补充。

2. 数据补充

①补充未入库的 1∶5 万自然重砂数据及 1∶20 万自然重砂异常查证数据，新入库数据的方法与流程严格执行《自然重砂数据库建设工作指南》（中国地质调查局，2001）。②原始样品质量的补充：如果该图幅中只出现一种样品原始质量，则该图幅中样品原始质量全部使用该数值；如果该图幅中只出现两种或两种以上的样品原始质量，则根据地质路线情况进行赋值，简单的判断标准为连续野外编号赋同一值；如果该图幅中未出现一个样品原始质量，可查阅同时期的前后两个图幅的样品原始质量，该图幅中样品原始质量数值主要参考前一个图幅中的样品原始质量数值。③自然重砂总质量的补充：在自然重砂总质量不可计算的情况下，如果该图幅中只出现一两种自然重砂总质量，且为整数，或该图幅中未出现自然重砂总质量，可参照样品原始质量赋值方法进行；如果该图幅中出现的自然重砂总质量数据无任何规律，可采用已有数据的平均数作为该样品的自然重砂总质量。④缩分后质量的补充：在缩分后质量不可计算的情况下，可直接使用自然重砂总质量。⑤磁性矿物、电磁性矿物、重矿物、轻矿物部分质量的补充：可分别采用该项已有数据的平均数作为该部分的质量。

工作过程填写维护日志，作为质量监控材料与成果同时提交。维护工作流程见图 4-6。

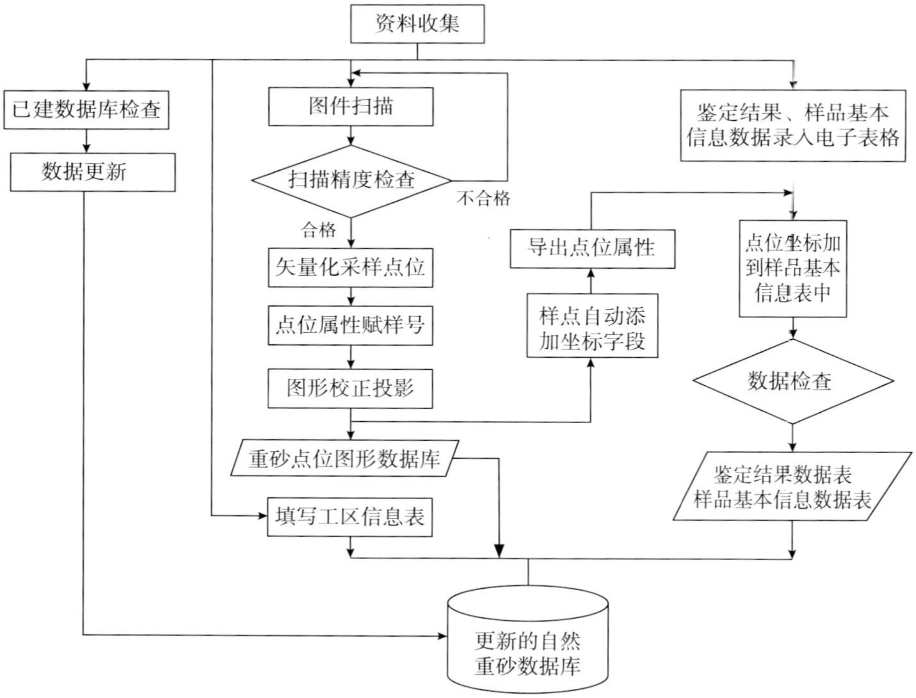

图 4-6　自然重砂数据库维护工作流程图

三、完成情况

对已建成的海南省1∶20万自然重砂数据库进行了维护，涉及11个1∶20万图幅。

补充了1∶5万区域地质调查完成的1∶5万自然重砂测量成果，共涉及3个1∶5万图幅。其中，志仲幅（E49E009006）整幅开展了自然重砂测量，面积486km^2，样点数2008个；尖峰岭幅（E49E008004）和乐东县幅（E49E008005）联测项目完成自然重砂测量面积约200km^2，样点数642个。

数据库维护情况见表4-4。

表4-4 海南省自然重砂数据库维护情况

序号	维护大类	维护子类	维护情况
1	数据库维护基本情况	数据库名称	海南省自然重砂数据库
		数据库维护主要内容	①已建数据库检查维护：对不正常数据或不符合常理的数据（特大值、特小值、仅出现一次等）通过逻辑分析、原始资料核对等方式进行核查，补充重要字段数据；②补充未入库的1∶5万自然重砂数据及1∶20万自然重砂异常查证数据
		数据库维护技术要求	（1）《自然重砂数据库建设工作指南》（中国地质调查局，2001）； （2）《全国矿产资源潜力评价项目数据库维护工作技术要求》（国土资源部，2007）
		元数据维护情况	依据《地质信息元数据标准》（DD 2006—05）（中国地质调查局，2006）更新元数据，提交格式为XML和TXT两种
		维护前数量	1∶20万自然重砂测量样品22561个，样品鉴定结果表记录数218207个
		维护后数量	1∶20万自然重砂测量样品22561个，样品鉴定结果表记录数218207个； 1∶5万自然重砂测量样品2650个，样品鉴定结果表记录数21760个
		新增数量	1∶5万自然重砂测量样品2650个，样品鉴定结果表记录数21760个
		空间数据的覆盖范围、比例尺、坐标参数	坐标范围18.17°—20.17°N、108.6°—111.04°E，北京坐标系，高斯-克吕格投影、6度带、中央经线111°。原库为1∶20万测量成果，新增入库为1∶5万测量成果
		数据库维护负责人、主要技术人员	负责人何国伟，主要技术人员张固成、王丰、傅小丽
		数据库维护资料来源	新增入库数据源于1∶5万尖峰岭幅、乐东县幅、志仲幅区调的重砂测量成果（重砂实际材料图、重砂原始数据图、重砂鉴定结果表、重砂异常查证报告，均为纸质），工作时间为1983—1989年，资料保管单位为海南省地质局资料室
		数据库维护存在的主要问题描述	因查找不到资料，计划拟新增的1∶5万坝王岭幅、猴狲岭幅、东方幅、玉道幅中的自然重砂成果无法入库
		数据库其他情况描述	
2	数据库概念模型维护情况	数据库概念模型变化情况	数据库概念模型未变动
3	数据库维护后地质工作程度略图	地学数据库附工作程度略图	见图4-7
4	数据库维护工作流程	数据库维护工作流程框图	见图4-6

续表

序号	维护大类	维护子类	维护情况
5	数据库维护验收情况	数据库维护工作完成情况	资料收集全面，完成工作质量及实物工作量符合相关指南和设计书要求
		数据库维护工作验收情况	2009 年 1 月在湖北省宜昌市数据库通过了验收，综合评分为 90 分，优秀级

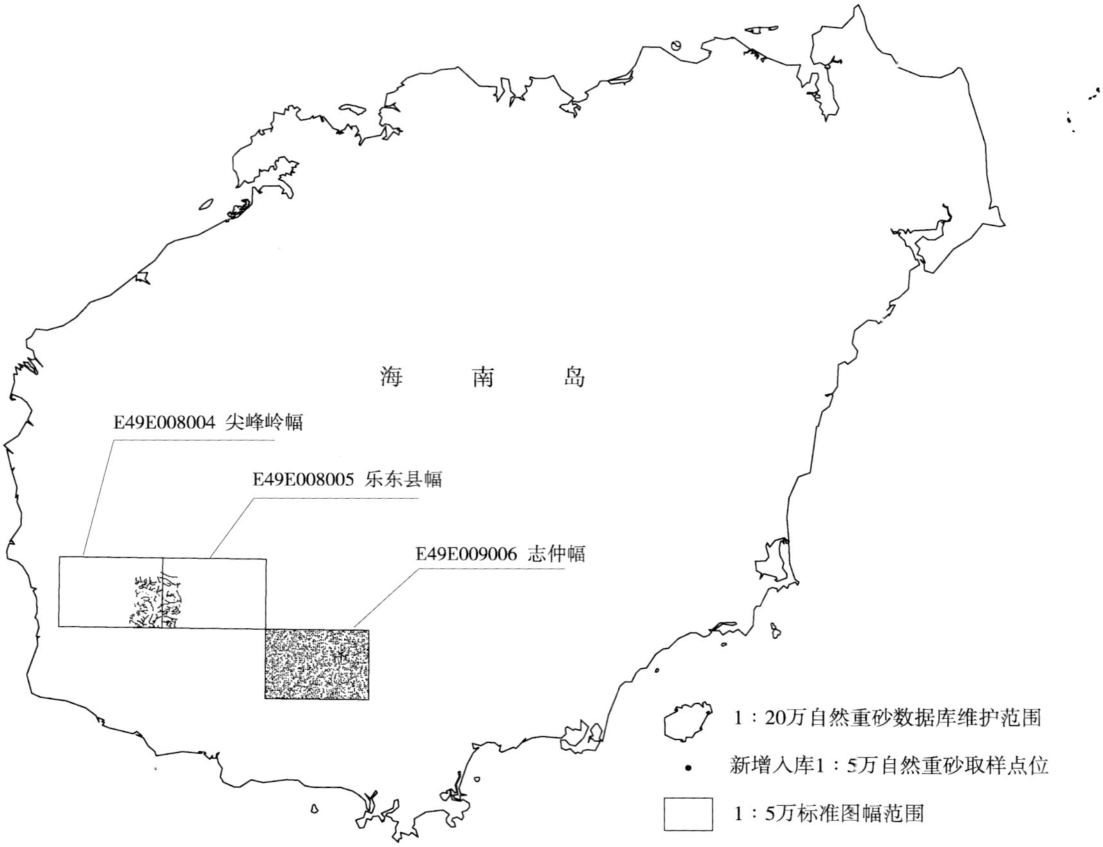

图 4-7　自然重砂数据库维护程度略图

第四节　区域地球化学数据库

一、工作内容

区域地球化学数据库维护主要有两个方面的工作：

（1）对已建数据库数据的正确性和真实性进行检查。

（2）补充未入库的中大比例尺化探数据。

二、方法与流程

1. 原库核查

已建的海南省区域地球化学数据库（1：20 万水系沉积物测量成果）在本次潜力评价工作启动

前刚刚通过验收，质量优良，且符合本项目化探资料应用要求，因此原库核查工作只需检查和修改，发现存在的错误认定和更正应按数据库维护工作技术要求做好记录。

2. 数据补充

未入库的中大比例尺化探数据来源大致分为两类情况，一类是形成时间较晚的地质工作成果，其采样登记表、实际材料图或采样点位图等资料都有电子文档，参照已建数据库数据检查的内容进行整理入库；另一类是形成时间较早的仅有纸质资料的地质成果，需要采用手工录入样品分析结果、矢量化采样点位等方法补充入库。具体处理方法如下。

数据采集录入：①纸质的实际材料图或采样点位图扫描后，矢量化样点（须即时输入属性即样号，便于后续通过样号与样品分析结果表连接），同时也要矢量图件坐标网格，用于校正样点文件；②矢量后的样点文档经校正后，通过投影变换或整图变换将图形的坐标单位转变为米，再用位移横坐标的方法给样点加上正确的投影带号；③将点位坐标值赋到样点符号的属性中，导出样点的属性，获得一个含有样点样号、样点纵坐标、样点横坐标的二维表；④将该二维表与录入好的样品分析结果表连接（以样号为关键字），形成化探主数据表。

不定量值数据的处理：对于样品分析结果表中的“—”“<”“≤ ”及“>”“≥”“>>”等不定量值，相应采用元素/指标报出下限的“1/4”“1/2”“3/4 ”及报出上限的“6/5”“3/2”“9/5”的值取代。分析结果以“<检出限”表示的，以检出限的半值代替。

点位检查：电子形式的采样登记表，须用表中的样点坐标生成样点分布图，与实际材料图或采样点位图进行套合比对，检查采样登记表中的坐标值是否正确，是否处在合理位置和对应的图幅范围内。

维护工作流程见图 4-8。

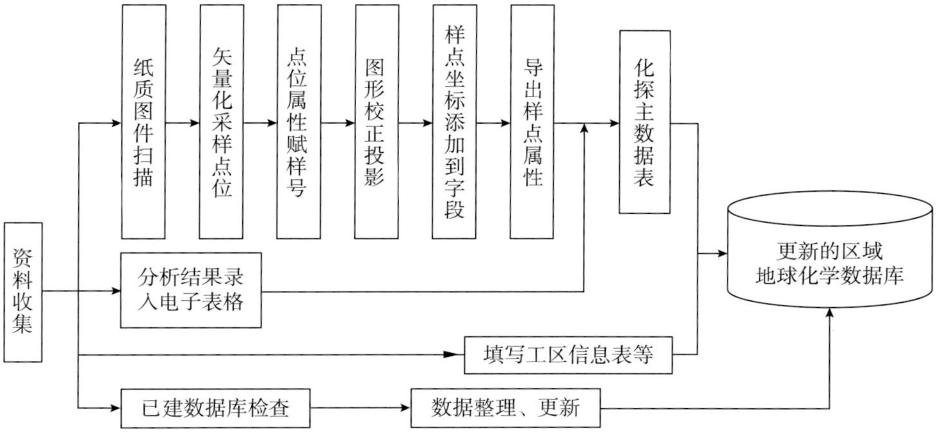

图 4-8　区域地球化学数据库维护流程图

三、完成情况

按照潜力评价项目安排，2008 年对海南省区域地球化学数据库进行了维护更新，主要是对已入库的 1∶20 万水系沉积物样品（39 项元素/指标）数据进行检查，补充了部分 1∶5 万水系沉积物测量成果。为满足后续矿种的评价需要，2009 年之后又收集整理了部分中大比例尺化探数据。2011 年度的“国家基础地质数据库维护与更新”项目补充入库了《海南省东方县抱板—昌江县土外山测区化探次生晕详查报告》的 1∶1 万土壤次生晕测量成果。

截至本项目结束时，海南省区域地球化学数据库除了原有的 1∶20 万水系沉积物样品（39 项元素/指标）数据外，共新增了 1∶5 万水系沉积物样品 20482 个（表 4-5；图 4-9）、1∶5 万土壤样品 4092 个和 1∶1 万土壤样品 122737 个（表 4-6；图 4-10）。

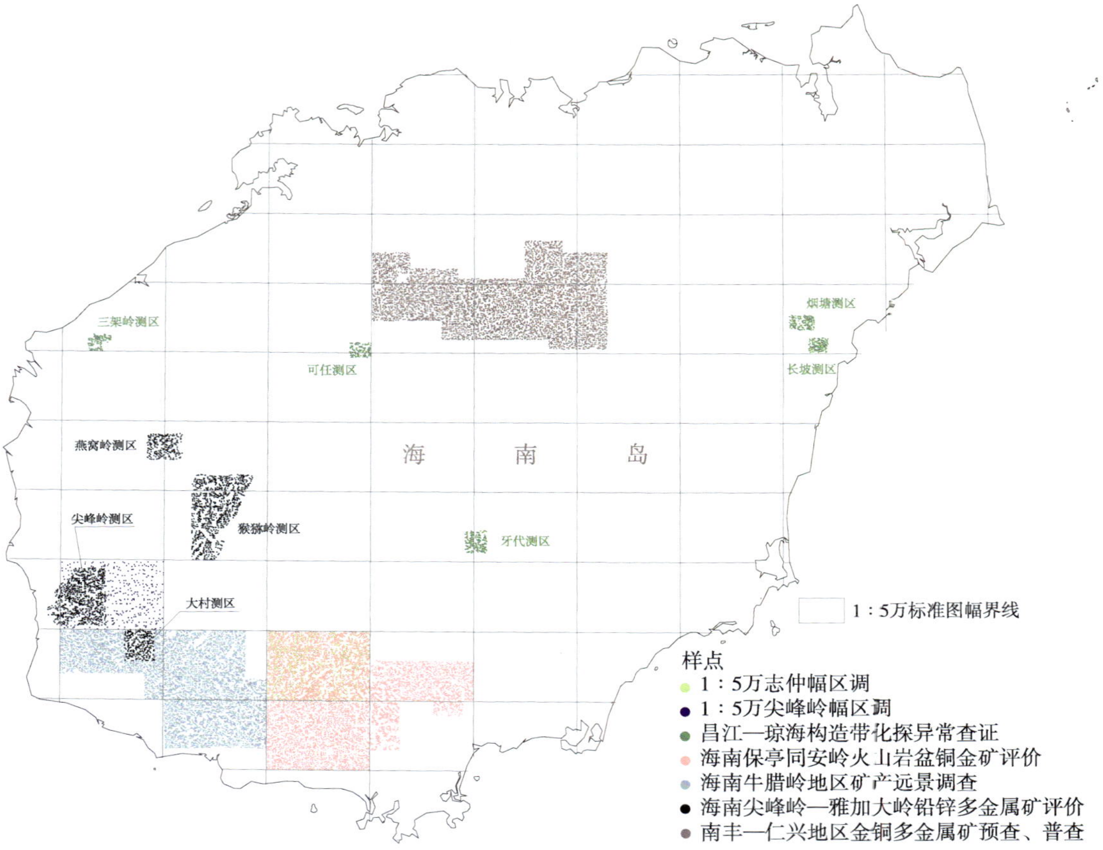

图 4-9　维护新增水系沉积物测量数据分布

表 4-5　海南省区域地球化学数据库新增水系沉积物测量数据一览表

序号	引用成果名称	比例尺	测区	所处 1：5 万图幅编号	样数/个	分析指标
1	1：5 万志仲幅区调（1982—1986 年）	1：5 万	（满幅）	E49E009006	2008	Cu、Pb、Zn、Ag、As、Mo、Sn、Co、Bi、Ni、Y
2	1：5 万尖峰岭幅区调（1988—1991 年）	1：5 万	（满幅）	E49E008004	471	Sn、Cu、Pb、Zn、Au、As、Ag、W、Mo
3	昌江—琼海构造带化探异常查证（2000—2001 年）	1：5 万	三架岭	E49E004004	631	Au、Ag、Mo、Cu、Pb、Zn、As、Bi、Mn
			可任	E49E004006 E49E005006		
			烟塘	E49E004011		
			长坡	E49E004011		
			牙代	E49E007007 E49E007008		
4	海南保亭同安岭火山岩盆铜金矿评价（2005—2008 年）	1：5 万	（满幅）	E49E009006	5699	Au、Ag、Cu、Pb、Zn、As、Sb、Bi、Mo
				E49E009007		
			（满幅）	E49E010006		
				E49E010007		
5	海南牛腊岭地区矿产远景调查（2006—2008 年）	1：5 万		E49E009004 E49E009005 E49E010005	4549	Au、Ag、Cu、Pb、Zn、As、Sb、Bi、Mo、Co、Fe、Ni、Hg

续表

序号	引用成果名称	比例尺	测区	所处 1∶5 万图幅编号	样数/个	分析指标
6	海南尖峰岭—雅加大岭铅锌多金属矿评价（2003—2008 年）	1∶5 万	燕窝岭	E49E006004 E49E006005	2236	Au、Ag、Cu、Pb、Zn、As、Sb、Bi、Mo
			猴猕岭	E49E006005 E49E007005		
			尖峰岭	E49E008003 E49E008004		
			大村	E49E009004		
7	南丰—仁兴地区金铜多金属矿预查、普查（2008—2013 年）	1∶5 万		E49E003007 E49E003008 E49E003009 E49E004007 E49E004008 E49E004009	4888	Au、Ag、Cu、Pb、Zn、As、Sb、Bi、Mo、Cd、Ni、Hg、Fe

表 4-6 海南省区域地球化学数据库新增土壤测量数据一览表

序号	工区	比例尺	面积/km^2	样数/个	分析指标
1	东方—玉道	1∶5 万	902.85	4092	Au、Ag、Pb、Zn、As、Sn
2	富文	1∶1 万	17.61	3639	Au、Ag、Cu、Pb、Zn、As、Sb、Bi、Hg、Cd
3	高通岭	1∶1 万	6.68	3027	Cu、Pb、Zn、Mo、Sn、W、Bi
4	抱板—土外山	1∶1 万	175	62651	Au、Ag、As、Zn
5	二甲	1∶1 万	75.78	10527	Au、Ag、Cu、Pb、Zn、As、Cr、V、W、Sn、Mo、Ni、Co、B、Mn、Ba
6	乐东红岭	1∶1 万	3.6	1766	Au、Ag、Cu、Pb、Zn、As、Sb、Bi、Mo
7	报告村	1∶1 万	3.02	1522	Au、Ag、Cu、Pb、Zn、As、Sb、Hg、W、Mo、Sn
8	毫仲岭 A	1∶1 万	2.9	1539	Au、Ag、Cu、Pb、Zn、As、Sb、Mo、Sn
9	毫仲岭 B	1∶1 万	1.68	899	Au、Ag、Cu、Pb、Zn、As、Sb、Mo、Sn
10	抱伦	1∶1 万	11.44	5314	Au、Ag、As、Hg、Bi
11	振海山	1∶1 万	14.75	3573	Au、Ag、Cu、Pb、Zn、As、Sb、Bi、Mo
12	大母岭	1∶1 万	20.19	4940	Au、Ag、Cu、Pb、Zn、As、Sb、W、Mo、Sn
13	抱龙	1∶1 万	27.05	6212	Au、Ag、Cu、Pb、Zn、As、Sb、Bi、Mo
14	岭壳—加油南	1∶1 万	36.62	9590	Au、Ag、Cu、Pb、Zn、As、Sb、Bi、Mo
15	南改	1∶1 万	3.47	968	Au、Ag、Cu、Pb、Zn、As、Sb、Bi、Mo
16	南茂	1∶1 万	3.61	930	Au、Ag、Cu、Pb、Zn、As、Sb、Bi、Mo
17	新村	1∶1 万	7.34	1765	Au、Ag、Cu、Pb、Zn、As、Sb、Bi、Mo
18	罗葵洞	1∶1 万	5.91	1203	Au、Ag、Cu、Pb、Zn、As、Sb、Bi、Mo
19	六罗 B	1∶1 万	4.2	988	Au、Ag、Cu、Pb、Zn、As、Mo
20	六罗 A	1∶1 万	1.7	449	Au、Ag、Cu、Pb、Zn、As、Mo
21	落马咋	1∶1 万	1.84	956	Au、Ag、Cu、Pb、Zn、As、Sb、Bi、Mo
22	梅岭土壤	1∶1 万	0.76	279	Au、Ag、Cu、Pb、Zn、Mo

注：①数据来源：1∶5 万区域地质调查、1∶5 万矿产远景调查、1∶20 万地球化学异常查证等项目，矿产预查、普查项目，单独立项的矿区化探项目等；②抱板—土外山工区的分析指标 Pb、Cu、Co 测试结果不理想，数据库未收录。

另外补充说明的是，本次进行稀土矿种潜力评价时利用了“海南岛多目标生态地球化学调查”项目（2003—2009 年）中的表层土壤 Ce 资料。鉴于该项目成果单独建有数据库，因此本次区域地球化学数据库维护不再收录。

数据库维护情况见表 4-7。

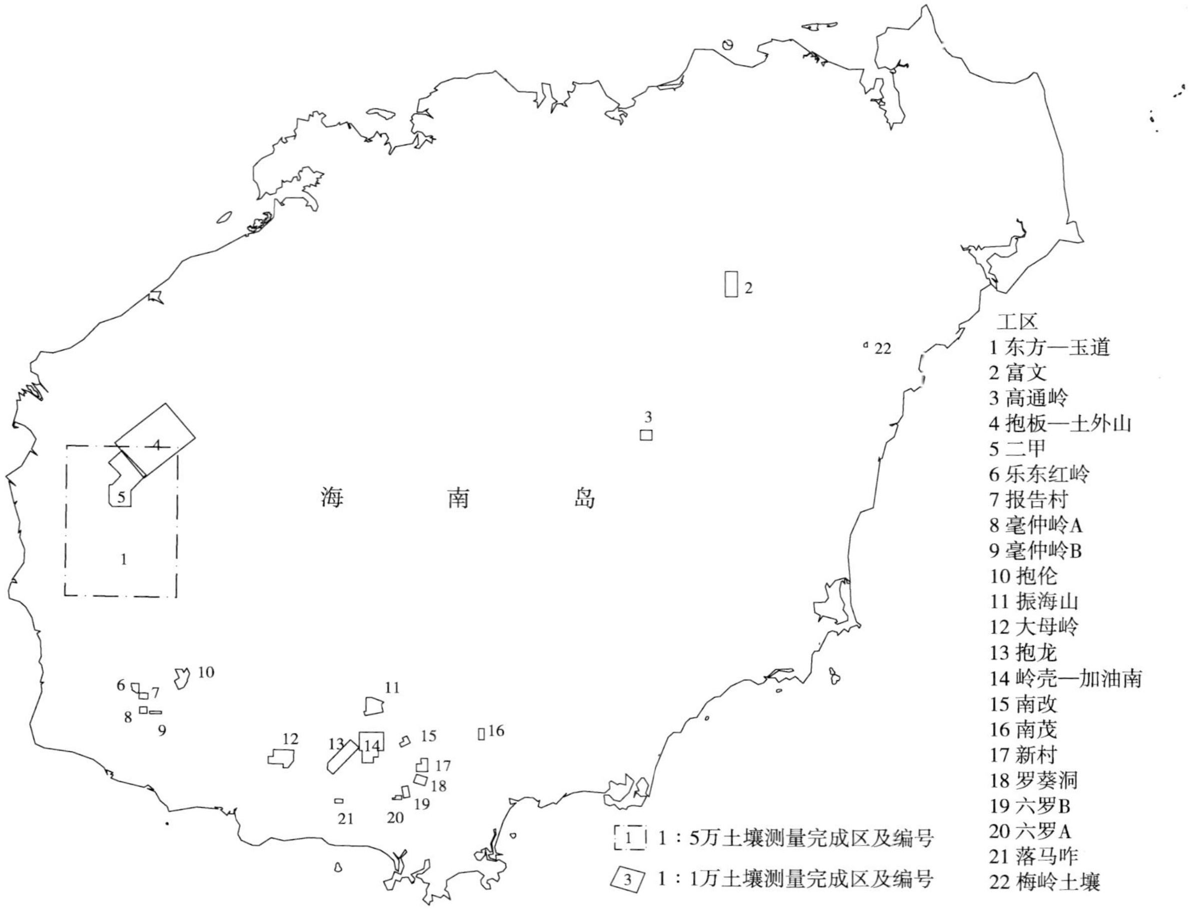

图 4-10　维护新增土壤测量数据分布位置

表 4-7　海南省区域地球化学数据库维护情况

序号	维护大类	维护子类	维护情况
1	数据库维护基本情况	数据库名称	海南省区域地球化学数据库
		数据库维护主要内容	①已建数据库数据的正确性和真实性检查（重复点检查；极大、极小值检测；Ag、Au、Hg、Cd 计量单位检测与调整；元素、图幅缺失情况检测；点位图制作与上报蓝图校对检测、图形图像检测；检测结果的记录、认定和改正错误）。②补充未入库的中大比例尺化探数据
		数据库维护技术要求	（1）《化探资料应用技术要求》（中国地质调查局，2006）； （2）《全国矿产资源潜力评价项目数据库维护工作技术要求》（国土资源部，2007）
		元数据维护情况	依据《地质信息元数据标准》（DD 2006—05）（中国地质调查局，2006）更新元数据，提交格式为 XML 和 TXT 两种
		维护前数量	1：20 万水系沉积物样品 8625 个
		维护后数量	1：20 万水系沉积物样品 8625 个；1：5 万水系沉积物样品 20482 个、土壤测量样品 4092 个；1：1 万土壤测量样品 122737 个
		新增数量	1：5 万水系沉积物样品 20482 个、土壤测量样品 4092 个；1：1 万土壤测量样品 122737 个

续表

序号	维护大类	维护子类	维护情况
1	数据库维护基本情况	空间数据的覆盖范围、比例尺、坐标参数	坐标范围 18.17°—20.17°N、108.6°—111.04°E，北京坐标系，高斯-克吕格投影。比例尺 1∶20 万、1∶5 万为 6 度带，中央经线 111°；比例尺 1∶1 万为 3 度带，中央经线 108°
		数据库维护负责人、主要技术人员	负责人何玉生、张固成，主要技术人员傅小丽、王丰、夏南
		数据库维护资料来源	新增中大比例尺化探数据来自：①1∶5 万区调中开展的化探工作（纸质资料，需矢量化获取点位坐标）；②地质大调查项目中的化探工作，大多建有数据库，但资料分散于各个项目资料中；③矿区勘查中开展的大比例尺化探工作（纸质资料，需矢量化获取点位坐标）
		数据库维护存在的主要问题描述	1∶5 万～1∶1 万部分化探资料受限于当时的测试技术手段，很多样品指标检出限较高，部分分析数据低于检出限的均以“<检出限”表示。部分化探数据无预测矿种的元素或相关指标项。不同项目的 1∶5 万化探资料的分析指标各有不同，某些地区开展过多次化探工作资料较繁杂
		数据库其他情况描述	根据要求，原数据库的维护成果以“海南省区域地球化学数据库”提交，新增的化探资料以“海南省中大比例尺地球化学数据库”提交
2	数据库概念模型维护情况	数据库概念模型变化情况	数据库概念模型未变动
3	数据库维护后地质工作程度略图	地学数据库附工作程度略图	见图 4-9、图 4-10
4	数据库维护工作流程	数据库维护工作流程框图	见图 4-8
5	数据库维护验收情况	数据库维护工作完成情况	资料收集全面，完成工作质量及实物工作量符合相关要求
		数据库维护工作验收情况	2009 年 1 月在湖北省宜昌市数据库通过了验收，综合评分为 90 分，优秀级。“国家基础地质数据库维护与更新”项目验收为优秀级

第五节　区域重力数据库

一、工作内容

由于本省没有未入库的中大比例尺重力资料补充，因此本次维护工作主要是对已入库数据进行整理和检查，工作内容有：

（1）对已入库的 1∶20 万区域重力调查数据资料进行各种改算，并进行 10%的重新改算抽查。

（2）按照《区域重力数据库信息系统使用说明》，对已入库的 1∶20 万区域重力调查数据进行注册数据、创建点操作，检查点位分布能否满足本项目的工作要求。

（3）对区域重力调查数据进行网格化、绘制布格重力异常等值线图，分析其布格重力异常的强度、形态、规模、走向等特征是否与老资料和地质情况吻合，判别区域重力调查数据是否符合本项目的工作要求。

二、方法与流程

已入库数据进行整理和检查是利用 RGIS 2.0 软件进行的，主要工作有：①对原数据库数据进行改算和抽查；②在 RGIS 软件中进行注册数据、创建点操作，检查点位分布情况；③对区域重力调查数据进行网格化、绘制布格重力异常等值线图，分析布格重力异常的形态、走向、规模、展布特点、内部结构等特征是否符合位场特征，是否与地质情况吻合。检查中若发现畸变点、系统误差梯度带等则按技术要求进行处理和纠正。维护工作流程见图 4-11。

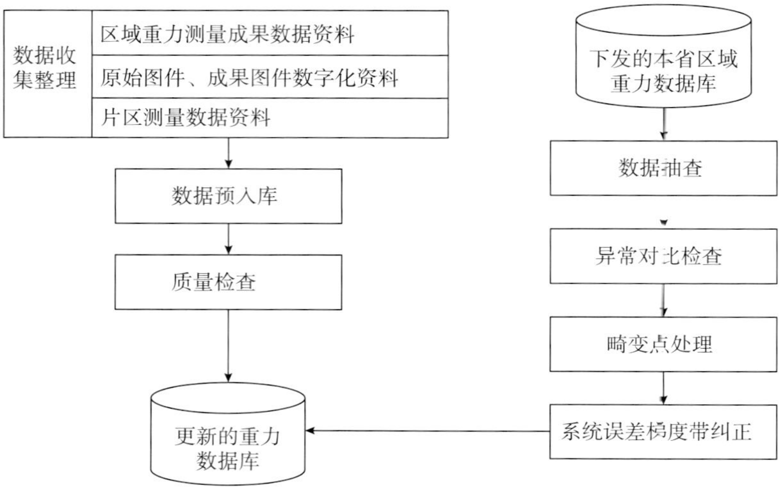

图 4-11　区域重力数据库维护工作流程图

三、完成情况

对已建重力数据库进行了维护，无新增重力数据。数据库维护情况见表 4-8。

表 4-8　海南省区域重力数据库维护情况

序号	维护大类	维护子类	维护情况
1	数据库维护基本情况	数据库名称	海南省区域重力数据库
		数据库维护主要内容	对现有重力数据库进行数据抽查、异常对比检查、畸变点处理、系统误差梯度带纠正、存在问题核查等；检查、整理入库中大比例尺重力数据
		数据库维护技术要求	（1）《全国矿产资源潜力评价项目数据库维护工作技术要求》（国土资源部，2007）； （2）《区域重力调查技术规范》（DZ/T 0082—2006）； （3）区域重力信息系统 RGIS 2.0 软件（中国国土资源航空物探遥感中心，2003）
		元数据维护情况	依据《地质信息元数据标准》（DD 2006—05）（中国地质调查局，2006）更新元数据，提交格式为 XML 和 TXT 两种
		维护前数量	1∶20 万重力点 8051 个
		维护后数量	1∶20 万重力点 8051 个
		新增数量	0
		空间数据的覆盖范围、比例尺、坐标参数	坐标范围 18.17°—20.17°N、108.6°—111.04°E，1∶20 万，北京坐标系，高斯-克吕格投影、6 度带、中央经线 111°

续表

序号	维护大类	维护子类	维护情况
1	数据库维护基本情况	数据库维护负责人、主要技术人员	负责人谢顺胜，主要技术人员蔡水库、符国精、郑纪青、蔡于春
		数据库维护资料来源	《海南岛 1∶20 万区域重力调查报告》，海南省地质局资料室
		数据库维护存在的主要问题描述	
		数据库其他情况描述	本省无中大比例尺重力资料
2	数据库概念模型维护情况	数据库概念模型变化情况	未变动
3	数据库维护后地质工作程度略图	地学数据库附工作程度略图	区域重力数据库维护覆盖范围为海南岛全岛
4	数据库维护工作流程	数据库维护工作流程框图	见图 4-11
5	数据库维护验收情况	数据库维护工作完成情况	资料收集全面，完成工作质量及实物工作量符合相关指南和设计书要求
		数据库维护工作验收情况	2009 年 1 月在湖北省宜昌市数据库通过了验收，综合评分为 90 分，优秀级

第六节　航磁数据库

一、工作内容

本次维护完成的工作有：①通过 RGIS 软件对已入库数据进行检查；②补充未入库的航磁、地磁数据，资料截止时间为 2008 年 12 月。

二、方法与流程

1. 原库核查

首先，用 RGIS 软件对已入库航磁数据进行注册、创建点操作，检查点位分布是否合理、能否满足本项目编制各种航磁异常图的要求。其次，对航磁数据进行网格化、绘制航磁异常等值线图，分析磁异常强度、形态、规模、走向等特征是否与老资料一致，磁异常的形态、走向、规模、展布特点、内部结构等特征是否符合位场特征，是否与地质情况吻合。最后，记录检查发现的问题并更新数据库。

2. 数据补充

利用 MapGIS 软件提取航磁网格数据并入库，具体过程是：①扫描航磁异常（ΔT）等值线平面图，矢量化异常等值线，并赋予线属性（异常值）；②对矢量图形进行误差校正；③进行数据提取，生成一个记录有异常值和点位坐标的文本文件，操作步骤依次是 DTM 分析→线数据高程点提取→离散数据网格化→高程点标注制图→点位置转换为属性→属性输出；④将文本文件整理为符合航磁数据库规范的文本样式；⑤再次对文本文件数据按 500m×100m 网度进行网格化，形成最终的航磁网格化数据；⑥数据检查并入库。如果收集到的资料为磁测实际材料点位图的，则用 MapGIS 软件直接矢量化点位，再参考上述过程处理。如果收集到的资料为原始数据(磁测记录表)，则先要进行数据录入，再按技术要求整理成标准的磁测数据格式进行入库。维护工作流程见图 4-12。

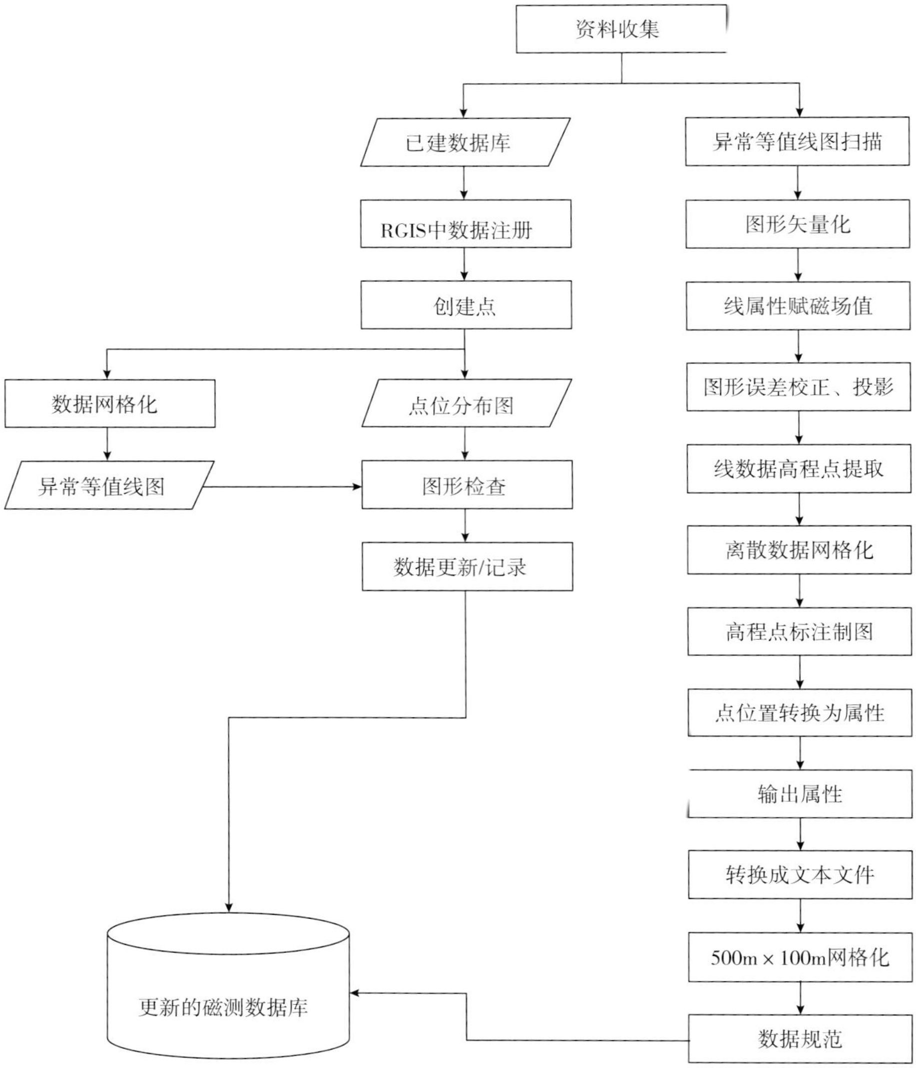

图 4-12　航磁数据库维护工作流程图

三、完成情况

①通过 RGIS 软件对已入库数据进行了检查；②新增入库 2 个测区的航磁数据（海南岛南部 1∶5 万航磁数据面积 5449km^2，海南岛东部 1∶5 万航磁数据面积 4723km^2）和 2 个矿区的 1∶1 万地磁数据（石碌矿区、田独矿区）。维护情况见表 4-9。

本次潜力评价工作的后期，还应用了“海南岛 1∶10 万高精度航磁测量”（2008—2011 年）成果。

表 4-9　海南省航磁数据库维护情况

序号	维护大类	维护子类	维护情况
1	数据库维护基本情况	数据库名称	海南省航磁数据库
		数据库维护主要内容	①通过 RGIS 软件对已入库数据进行检查；②补充未入库的航磁、地磁数据
1	数据库维护基本情况	数据库维护技术要求	（1）《航空磁测技术规范》（DZ/T 0142—1994）； （2）《地面磁勘查技术规程》（DZ/T 0144—1994）； （3）《地面高精度磁测技术规程》（DZ/T 0071—1993）； （4）《全国矿产资源潜力评价项目数据库维护工作技术要求》（国土资源部，2007）
		元数据维护情况	依据《地质信息元数据标准》（DD 2006—05）（中国地质调查局，2006）更新元数据，提交格式为 XML 和 TXT 两种
		维护前数量	（1）1：10 万航空磁测 2km×2km 网格数据 34000km^2； （2）1：5 万航磁剖面数据 8285km^2
		维护后数量	（1）1：10 万航空磁测 2km×2km 网格数据 34000km^2； （2）1：5 万航磁数据 18457km^2； （3）2 个矿区的 1：1 万地磁数据
		新增数量	（1）1：5 万航磁数据 10172km^2； （2）2 个矿区的 1：1 万地磁数据
		空间数据的覆盖范围、比例尺、坐标参数	坐标范围 18. 17°—20. 17° N、108. 6°—111. 04° E，北京坐标系，高斯-克吕格投影、6 度带、中央经线 111°
		数据库维护负责人、主要技术人员	负责人谢顺胜，主要技术人员蔡水库、符国精、郑纪青、蔡于春
		数据库维护资料来源	①已入库数据为本项目分发到本省的数据；②新增入库引用的资料来自海南省地质局资料室
		数据库维护存在的主要问题描述	
		数据库其他情况描述	新增航磁数据为用 1：5 万航磁等值线图经扫描、矢量化后提取的网格数据，虽然能满足资源预测工作区 1：5 万航磁图件编制的质量要求，但相对以前的精度有所降低
2	数据库概念模型维护情况	数据库概念模型变化情况	按项目要求，入库数据为文本格式，内容为测线号、经度、纬度、磁场值（ΔT）4 项
3	数据库维护后地质工作程度略图	地学数据库附工作程度略图	见图 4-13
4	数据库维护工作流程	数据库维护工作流程框图	见图 4-12
5	数据库维护验收情况	数据库维护工作完成情况	资料收集全面，完成工作质量及实物工作量符合相关要求
		数据库维护工作验收情况	2009 年 1 月在湖北省宜昌市数据库通过了验收，综合评分为 90 分，优秀级

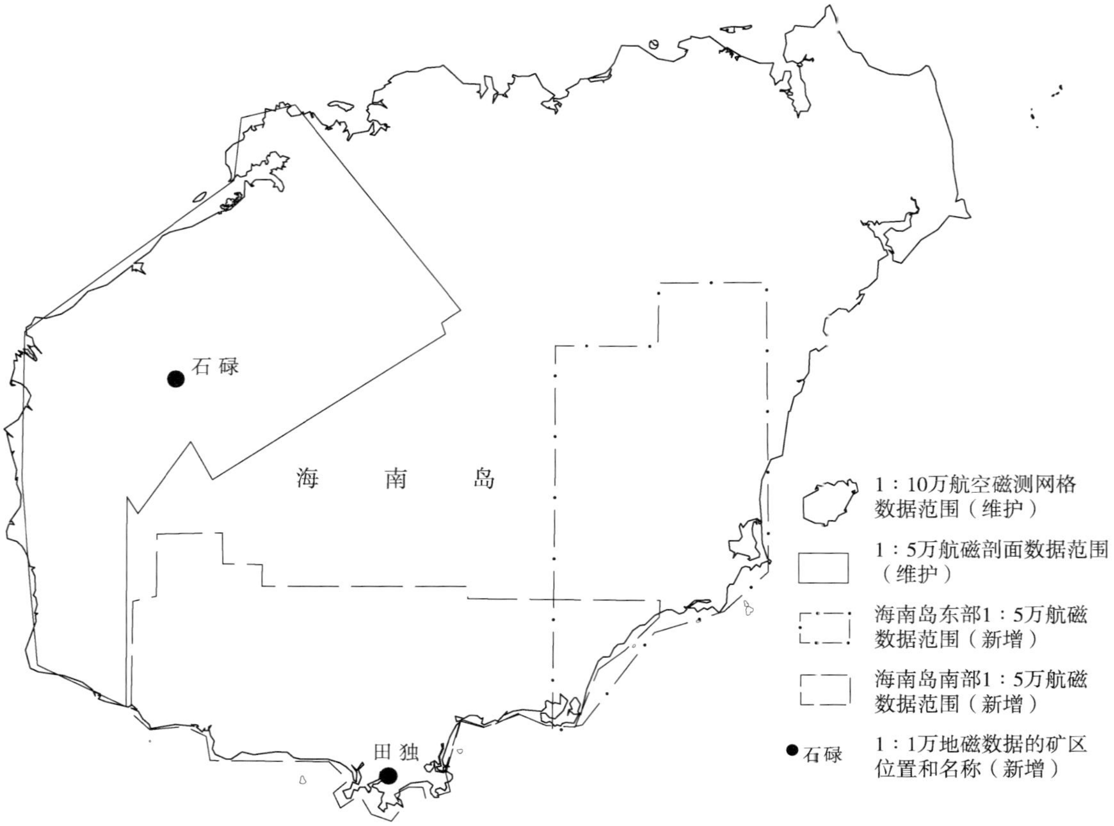

图 4-13　航磁数据库维护工作程度略图

第七节　地质工作程度数据库

一、工作内容

为有效配合矿产资源潜力评价工作，提供更全面、更新的地质工作程度信息，全国矿产资源潜力评价项目于2008年部署开展地质工作程度数据库维护工作，工作内容一是对原数据库进行数据检查并形成数据质量检查监控表，二是收集整理未入库的地质工作程度资料并入库，资料截至时间为2006年12月。

本次维护的资料收集范围：

（1）重点是2001—2006年期间完成的国土资源大调查、资源补偿费矿产勘查、商业性地质勘查等工作成果，其次是以往建库时遗漏的馆藏各类专业地质报告、单独立项的各类地质工作成果或资料等。

（2）从地质工作专业范围上，包括区域地质调查、矿产勘查、地球物理勘查、地球化学勘查、遥感地质调查、水文地质调查、工程地质调查、环境地质调查和海洋地质调查9个大类，矿产资源调查评价以及针对找矿工作而设置的科研项目（如区划、地物化综合编图等）也包括在内。

（3）从地质工作比例尺范围上包括比例尺小于或等于1∶5万的各类区域性地质调查工作和矿产勘查工作两个层次。矿产勘查工作包括三个方面：一是矿产地质勘探、详查、普查、二级异常查证和矿点检查工作；二是单独立项的矿区地质、物探、化探和遥感等工作；三是成矿预测、成矿远景区划或矿产资源调查评价等工作。

二、方法与流程

1. 原库核查

核查重点是比对地质工作程度数据库中的矿产地图层与海南省矿产地数据库的矿产地是否匹配，据此分析地质工作程度数据库是否存在缺失某矿产地对应的区域性地质调查工作记录的情况，这样可以有针对性地查找收集该矿产地的地质资料。对原数据库中的地质工作专业种类及其子类的归类是否合理做一般性检查。核查修改情况应记录在数据质量检查监控表中。

2. 数据补充

工作步骤包括资料收集、属性卡片填写、属性数据检查、属性数据的计算机录入、关系型属性数据库的建立、图层数据生成、矢量数据检查和空间数据库建立 8 个环节。其中，属性卡片填写是重点环节，卡片的内容必须对照原始资料进行三级质量检查，确保数据库质量合格。

维护工作流程见图 4-14。

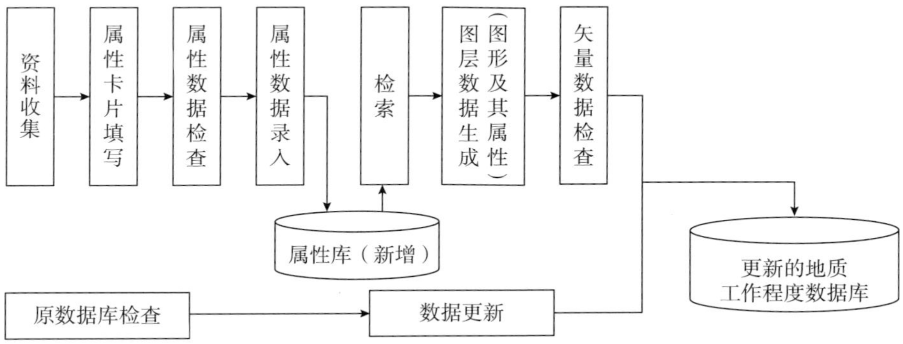

图 4-14　地质工作程度数据库维护工作流程图

三、完成情况

潜力评价项目安排的地质工作程度数据库维护工作成果于 2009 年初通过了验收，其资料截止日期为 2007 年 12 月。为满足后续其他矿种的资源潜力评价需要，2009—2012 年通过“国家基础地质数据库维护与更新”项目又对地质工作程度数据库进行了维护，资料截止时间为 2011 年 12 月。各年度维护情况见表 4-10。

表 4-10　2009—2012 年“国家基础地质数据库维护与更新”项目维护情况

工作年度	维护后的记录数	成果验收单位	验收等级	资料截止时间
2009 年	区域性基础地质属性数据 569 条； 矿产地图层属性数据 449 条； 矿区工作情况属性数据 1130 条	宜昌地质调查中心	优秀	2008 年
2010 年	区域性基础地质属性数据 595 条； 矿产地图层属性数据 453 条； 矿区工作情况属性数据 1144 条	宜昌地质调查中心	优秀	2009 年
2011 年	区域性基础地质属性数据 626 条； 矿产地图层属性数据 456 条； 矿区工作情况属性数据 1180 条	武汉地质调查中心	优秀	2010 年
2012 年	区域性基础地质属性数据 651 条； 矿产地图层属性数据 474 条； 矿区工作情况属性数据 1254 条	武汉地质调查中心	优秀	2011 年

截至本项目结束时，海南省地质工作程度数据库最终收录有区域性基础地质属性数据 651 套、矿产地图层属性数据 474 套、矿区工作情况属性数据 1254 条。维护情况见表 4-11。

表 4-11 地质工作程度数据库维护情况

序号	维护大类	维护子类	维护情况
1	数据库维护基本情况	数据库名称	海南省地质工作程度数据库
		数据库维护主要内容	①原工作程度数据库数据检查；②补充入库新的地质工作程度数据资料
		数据库维护技术要求	《地质工作程度数据库建设工作指南》（中国地质调查局，2006）； 《全国矿产资源潜力评价项目数据库维护工作技术要求》（国土资源部，2007）
		元数据维护情况	依据《地质信息元数据标准》（DD 2006—05）（中国地质调查局，2006）更新元数据，提交格式为 XML 和 TXT
		维护前数量	（1）区域性基础地质属性数据 472 套； （2）矿产地图层属性数据 368 套； （3）矿区工作情况属性数据 803 条
		维护后数量	（1）区域性基础地质属性数据 651 套； （2）矿产地图层属性数据 474 套； （3）矿区工作情况属性数据 1254 条
		新增数量	（1）区域性基础地质属性数据 179 套； （2）矿产地图层属性数据 106 套； （3）矿区工作情况属性数据 451 条
		空间数据的覆盖范围、比例尺、坐标参数	坐标范围 18.17°—20.17°N、108.6°—111.04°E，北京坐标系，高斯-克吕格投影、6 度带、中央经线 111°
		数据库维护负责人、主要技术人员	负责人何国伟，主要技术人员韩飞、韩雪霞
		数据库维护资料来源	资料室（馆）存档保管的各专业地质报告；单独立项的各类地质工作成果或资料；国土资源大调查、资源补偿费矿产勘查、商业性地质勘查等项目成果或资料。资料主要引自海南省地质资料馆，部分来自地勘单位
		数据库维护存在的主要问题描述	
		数据库其他情况描述	
2	数据库概念模型维护情况	数据库概念模型变化情况	数据库概念模型未变化。个别编码有调整
3	数据库维护后地质工作程度略图	地学数据库附工作程度略图	以区域地质调查、矿产勘查两个地质工作专业类型为例，见图 4-15、图 4-16
4	数据库维护工作流程	数据库维护工作流程框图	见图 4-14
5	数据库维护验收情况	数据库维护工作完成情况	资料收集全面，完成工作质量及实物工作量符合相关指南和设计书要求
		数据库维护工作验收情况	2009 年 1 月在湖北省宜昌市数据库通过了验收，综合评分为 90 分，优秀级；“国家基础地质数据库维护与更新”项目验收情况见表 4-10

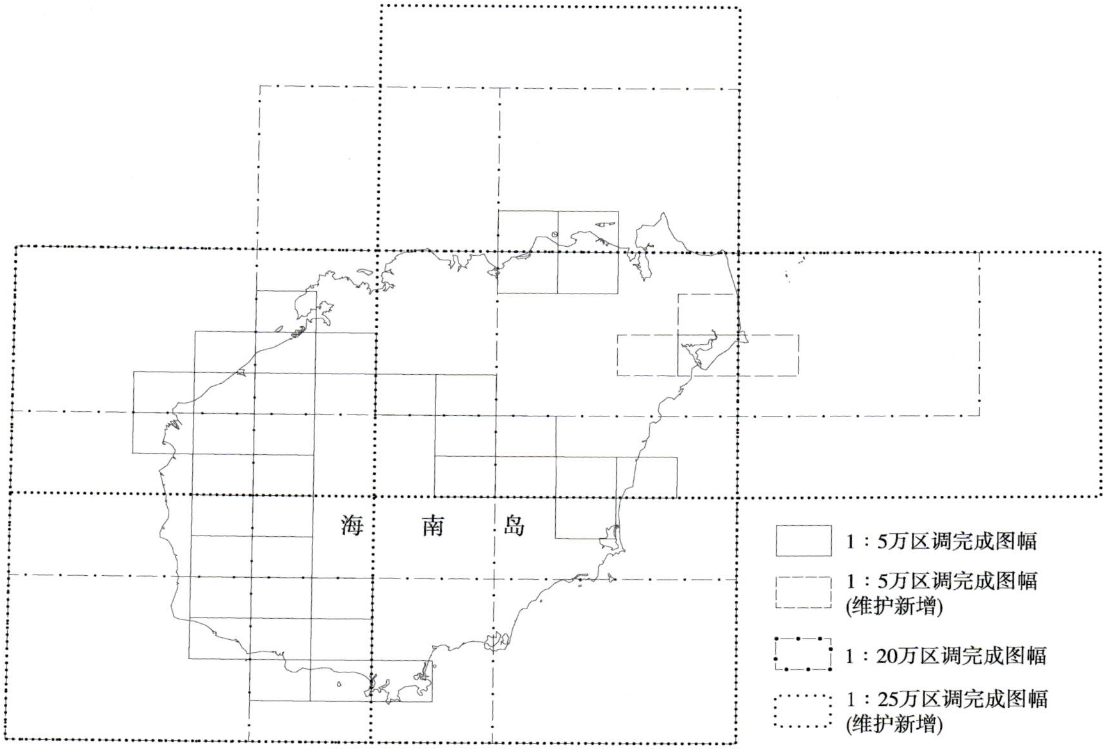

图 4-15　区域地质调查工作程度略图

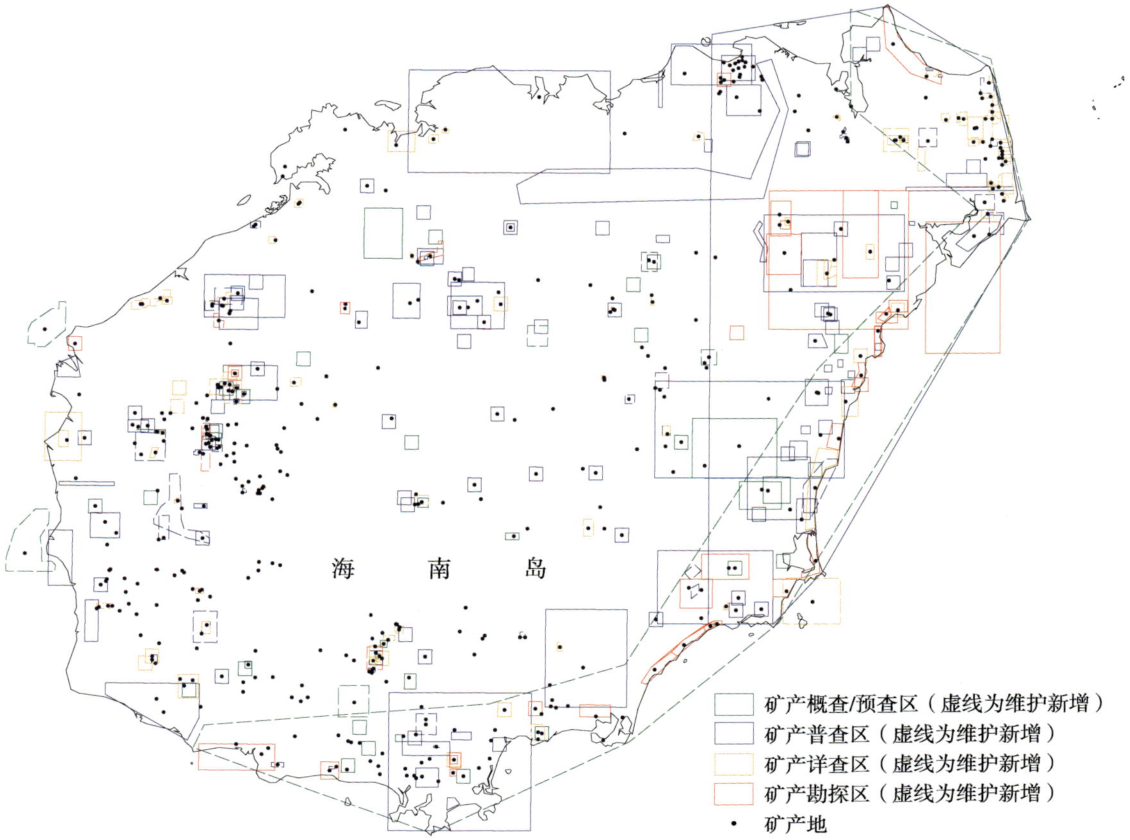

图 4-16　矿产勘查工作程度略图

第八节　遥感影像图数据库

一、工作内容

对下发的遥感影像数据进行检查（影像质量、坐标精度、拼接质量等），分析影像数据能否满足本次潜力评价工作需要。

收集海南省各种分辨率的遥感资料，以满足本次评价工作中编制不同比例尺的遥感影像图、构造遥感解译图和矿化信息异常图等遥感图件的需求。

二、方法与流程

本次遥感影像图数据库维护在 MapGIS 软件平台上进行，工作主要依据全国矿产资源潜力评价项目办公室下发的《遥感资料应用技术要求》，并参考了《区域环境地质勘查遥感技术规范》（DZ/T 0190—1997）等规范。

根据本次遥感影像编图的精度要求，采用与 1∶10 万地形图栅格文件进行比对的方法对省级编图使用的遥感影像的坐标精度进行检查。地形图栅格文件通过扫描北京坐标系的全省 1∶10 万地形图并经几何纠正后获取。对于典型矿床所在地区的遥感影像，则采用大比例尺的地形图资料进行比对的方法来检查影像的坐标精度。

三、完成情况

经检查，下发的海南省 5 景 ETM 遥感影像数据几何纠正、地理坐标校正精度符合要求，镶嵌后的图像无明显接缝，色调影纹协调，色彩鲜艳，层次清晰，信息丰富。不足的是局部影像云层覆盖面积较大，不能满足潜力评价项目的需要。

通过收集资料分析对比，选择了“海南省（海南岛）国土资源遥感综合调查”项目中的 ETM 遥感影像用于省级遥感图件编制。部分典型矿床所在地区的遥感图件编制，则选择了 SPOT、IKONOS、QuickBird 高分辨率卫星遥感资料（分辨率可达 1～2.5m）。影像数据主要来源于海南省地质调查院历年承担的地质工作项目。

“海南省（海南岛）国土资源遥感综合调查”项目成果中的遥感影像数据为陆地卫星 ETM 传感器在 1999—2001 年间获取的数据（Landsat-5 TM、Landsat-7 ETM 数据）。数据来自中国遥感卫星地面站，Landsat-5 数据格式为 BSQ，波段为 Band1、2、3、4、5、6、7；Landsat-7 ETM 数据格式为 FAST-L7A，波段为 Band1、2、3、4、5、6L、6H、7、8。Band1、2、3、4、5、7 像元分辨率为 30m，Band 6 像元分辨率为 60m，Band8 像元分辨率为 15m。以上所有数据的产品处理级别为 L2，EDC 级别为 LIG，也就是说经过辐射校正和系统级几何校正处理。各景图像数据情况见表 4-12。

表 4-12　省级编图采用的遥感图像数据信息

卫星	传感器	轨道	接收时间（年．月．日）	空间分辨率	数据来源
陆地卫星 7	ETM+	123/047	2001. 12. 21	B8 = 15m B1−7 = 30m	“海南省（海南岛）国土资源遥感综合调查”项目
陆地卫星 7	ETM+	123/046	1999. 12. 21	B8 = 15m B1−7 = 30m	
陆地卫星 7	ETM+	124/047	2001. 1. 2	B8 = 15m B1−7 = 30m	
陆地卫星 7	ETM+	124/046	2001. 4. 8	B8 = 15m B1−7 = 30M	

第五章　潜力评价专题编图及属性库建设支撑

为其他专业课题组开展潜力评价工作提供 GIS 技术支持、支撑其他专业课题组完成专题成果图件编制及属性数据库、元数据库的建设，是综合信息集成课题组的重要任务之一。为了较好完成该任务，综合信息集成课题组以数据模型为核心、以 GeoMAG 数据模型软件应用为主要抓手，为实现全程应用 GIS 技术开展资源潜力评价和确保成果数据库质量提供了有力的技术支撑。

本章介绍综合信息集成课题组在矿产资源潜力评价中为各类软件应用、编图及属性库建设等提供全程全方位的 GIS 技术支撑的情况。

第一节　基础地学数据库支撑

完善的地质调查基础数据库体系是本次矿产预测全面全过程应用 GIS 技术的前提，信息丰富、现势性强的地学数据库是开展评价工作的基础。为此，综合信息集成课题组在调研分析并充分掌握各类地学数据库现状的基础上，与其他专业课题组通力协作，共同完成了本省相关基础地学数据库的维护更新，使全省地质资料信息化程度进一步提升，满足了评价工作对基础数据的需求。

利用维护更新后的地学数据库，为其他课题提供基础地质数据服务。根据其他专业课题的不同需求，对维护更新后的地学数据库进行查询、检索、裁剪，并将结果整理后提供给各专业课题使用。协助其他专业课题组开展图件坐标统一转换和系统库替换等工作。

本次评价工作中提供服务的基础地学数据库主要有地质工作程度数据库、多种比例尺的数字地质图数据库、矿产地数据库、区域重力数据库、航磁数据库、区域地球化学数据库、自然重砂数据库、遥感影像数据库和地理底图数据库等十多个。

第二节　软件应用的技术支持

全过程应用 GIS 技术开展资源潜力评价可极大提升评价工作的效率，这对项目成员的 GIS 技术水平提出了较高要求，体现在一方面要熟练使用各类数据处理工具软件进行计算机编图和数据处理，另一方面对地理空间定位准确度、数据逻辑一致性等关系到数据库成果质量的知识点和技术要点有深刻理解和把握。为此，综合信息集成课题组发挥其成员从事多年地学数据库建设、GIS 软件应用经验丰富的优势，有针对性地为其他专业课题组开展计算机技术应用培训，并对评价工作中有关软件使用提供全面技术支持。

一、计算机应用支撑

潜力评价工作带有研究探索性质，编图建库和数据处理过程需要项目成员投入大量的时间和精力，工作过程中会经常修改数据，因而会形成大量的文档。文档的规范命名、正确存放和严格备份显得尤其重要。为方便各课题组之间的数据交换共享和确保数据安全，根据省级项目的要求，综合信息集成课题组在项目实施伊始就对文档的命名、保存和备份作出了明确规定，要求各课题组严格执行。同时还协助各课题组做好计算机病毒防范，确保了数据安全。

二、平台软件应用支撑

MapGIS 是潜力评价中最重要、使用最广泛的 GIS 平台软件，它具有强大的图形编辑、空间分析等功能，评价中使用到的一些专业应用软件也在 MapGIS 平台上开发。鉴于项目成员对 MapGIS 使用操作的熟练和规范程度不一，信息集成课题组举办了全员技术培训，从一级空间数据质量的角度对空间数据、属性数据和拓扑关系等方面的质量控制方法和要求做了具体讲解，并实际操作练习。此外，信息集成课题组还对 MapGIS 软件中的结点搜索半径、坐标点间最小距离等系统参数设置提出了统一要求。这些培训和措施具有较强的针对性和实用性，对规范制图和建好数据库起到了较好的帮助作用。

三、专业软件应用支撑

在项目实施过程中，综合信息集成课题组成员参加了其他课题组的专业软件培训学习，积极协助或配合其他课题组的数据处理和建库工作，这些专业软件系统主要有区域地球化学数据管理信息系统 GeoMDIS、多元地学空间数据管理与分析系统 GeoExpl、物探重磁电数据处理和资料解释软件 RGIS、遥感数据处理软件 ENVI、矿产资源综合信息评价系统 MRAS、金属矿产资源快速评价系统 MORPAS 等。

四、元数据编辑软件应用支撑

大多数项目组成员之前没有接触过元数据，对元数据概念和地质信息元数据标准都缺乏了解。为提高元数据编写的质量，使大家更快地了解元数据标准、熟悉编写要求和方法，综合信息集成课题组组织了元数据采集器软件的安装和使用方法的培训，以软件培训形式来讲解《地质信息元数据标准》；并以专业课题的部分图件数据库为例编写了元数据范例供项目成员学习参考。这些举措收到了较好的效果。

第三节　数据模型应用的技术支持

简单地说，数据模型就是关于问题域内数据本身及其关系的描述。矿产资源潜力评价数据模型通过分析评价工作流程、各专业工作之间的相互关系，建立各专业数据之间的联系，规定专业分类代码、专业图层划分、图层属性结构、统一符号库建设等，实现数据的规范、统一，是关于评价工作重要中间成果数据、最终成果数据本身、相互关系以及成果表达统一规定的描述，是评价工作全面全过程应用 GIS 信息技术和矿床模型综合地质信息预测方法的基础。

本次矿产资源潜力评价涉及的数据模型大致可分为专业子模型和公用子模型两大类（图 5-1）。

由于数据模型涉及内容较多，为使用方便，全国矿产资源潜力评价项目研发了数据模型使用软件 GeoMAG，分发给各参加单位使用。项目人员借助 GeoMAG 软件进行图件规范和属性挂接等工作，使所编图件符合潜力评价项目数据模型规范，以满足潜力评价项目技术要求。可见 GeoMAG 软件可以节省项目人员查阅大量的数据模型规范的时间。

GeoMAG 软件由全国矿产资源潜力评价综合信息集成项目组归口管理。全国矿产资源潜力评价

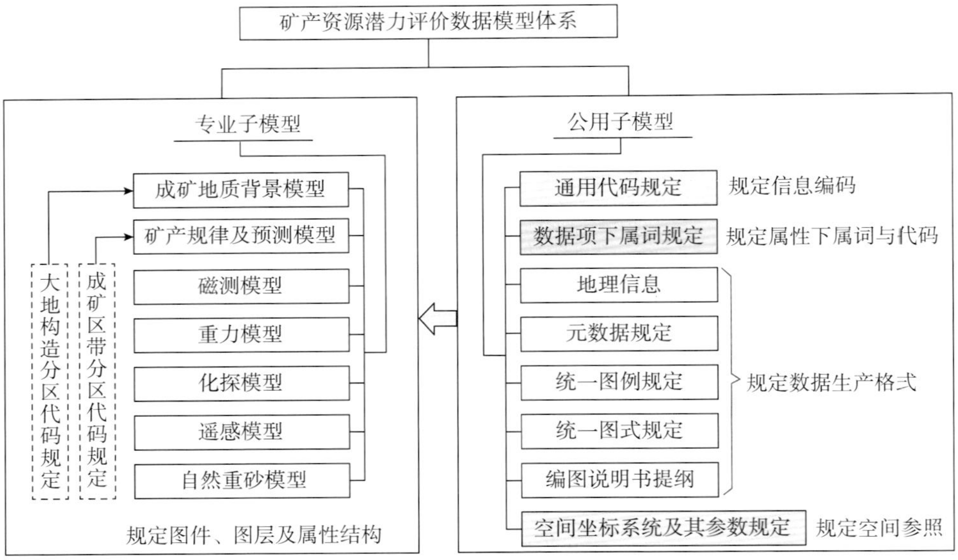

图 5-1　矿产资源潜力评价数据模型体系示意图

各专业项目组凡涉及数据模型修改的，由全国矿产资源潜力评价综合信息集成项目组统一更新软件，并向各项目单位的综合信息集成课题组下发。综合信息集成课题组做好数据模型应用技术支持的一项任务就是及时向本级其他课题组分发版本更新后的 GeoMAG 软件、及时向全国矿产资源潜力评价综合信息集成项目组反馈软件使用中发现的问题。

数据模型应用主要涉及六点：

（1）地学专业谱系与特征分类及代码；

（2）辅助专业谱系与特征分类及代码；

（3）特征分类描述，包括数据表结构定义、数据项定义或描述、数据项值（下属词）及代码规定；

（4）统一图件规范，包括图件类（图件）、图层类（图层）、特征类（特征）、图式、比例尺、空间坐标系统及投影参数规定，及其之间的关系、规则、规定等；

（5）统一图例规范，包括本次编图表达所用的所有线型、符号、花纹、用色等规范；

（6）统一代码及编码规范，包括图件、图层、数据库、数据表代码及命名规则、特征（或要素）、数据项名代码及编码规则，以及适合本次矿产资源潜力评价工作的若干代码及编码规则等。

上述内容可以归纳为两个方面，一是在各课题组项目人员中推广应用 GeoMAG 软件，并提供支持；二是对于 GeoMAG 软件不能用机检方法的检查项或内容（如空间坐标系统及投影参数、编图表达所用的线型、符号、花纹、用色等的规范、部分人工编码的正确性等）做好检查和统一规定，确保数据模型得到全面、正确地应用。此外，综合信息集成课题组还主动做好其他课题组间的协调和沟通，保证课题之间引用数据的同步。

第四节　专题属性数据库建设

支撑其他课题组开展专题编图及属性数据库建设，是信息集成课题组的主要任务之一。专题编图及属性库建设包括了成矿地质背景图件、成矿规律及预测图件、物探专题图件、化探专题图件、自然重砂专题图件以及遥感专题图件数据库及对应的元数据建设等工作。

一、工作方法和流程

专题编图及属性库建设大致涉及以下流程步骤：

1. 图层数据准备

专题图件编制首先要准备各个图件所需的图层数据，图层数据来源大致可分为以下三类：①各课题利用 GeoMDIS、GeoExpl、RGIS、ENVI、MRAS、MORPAS 等专业软件对相关地学数据库进行数据处理和分析生成的图层数据；②收集的纸质图件（如矿区地质图）经数字化形成的数据；③直接可利用的矢量图层数据（如地理底图数据、部分地质图层数据等）。

2. 图层预编辑

专题图件编辑预处理主要在 MapGIS 平台上进行，也可以在 GeoMAG 软件中完成。编图前先确定编图比例尺、进行统一坐标系转换、符号线型及用色的统一、拓扑查错修改等工作。

3. 标识码编制

根据数据模型要求，对本省的典型矿床、预测工作区和矿产预测类型进行统一编码，形成唯一标识（表 5-1，表 5-2，表 5-3）。

表 5-1　典型矿床矿区编码表

序号	矿种（组）	典型矿床	典型矿床矿区代码（市县行政区码）	典型矿床矿区代码（省级行政区码）	预测方法类型
1	铁矿	石碌铁矿	4600310001	4600000001	变质型
2		红石铁矿	4602000001	4600000002	侵入岩体型
3		田独铁矿	4602000002	4600000003	侵入岩体型
4	铝土矿	蓬莱铝土矿	4600050001	4600000004	沉积型
5	铜矿	石碌铜矿	4600310004	4600000032	变质型
6		岭壳铜矿	4602000003	4600000005	火山岩型
7	铅矿	后万岭铅锌矿	4600330001	4600000006	侵入岩体型
8	锌矿	后万岭铅锌矿	4600330001	4600000006	侵入岩体型
9	钨矿	红门钨钼矿	4600330003	4600000011	侵入岩体型
10		兰洋钨锡矿	4600030001	4600000012	侵入岩体型
11	钼矿	高通岭钼矿	4600260001	4600000015	侵入岩体型
12		龙门岭钼矿	4600340001	4600000014	侵入岩体型
13		红门钨钼矿	4600330003	4600000011	侵入岩体型
14		报告村钼矿	4600330005	4600000033	侵入岩体型
15		石门山钼矿	4600330004	4600000016	侵入岩体型
16		梅岭铜钼矿	4600020001	4600000017	侵入岩体型
17		罗葵洞钼矿	4600350001	4600000018	火山岩型
18	金矿	二甲金矿	4600070001	4600000007	复合内生型
19		抱伦金矿	4600330002	4600000008	复合内生型
20		富文金银矿	4600250001	4600000009	复合内生型
21	银矿	石碌银矿	4600310001	4600000001	变质型
22		富文金银矿	4600250001	4600000009	复合内生型
23		南报银矿	4600030003	4600000010	侵入岩体型

续表

序号	矿种（组）	典型矿床	典型矿床矿区代码（市县行政区码）	典型矿床矿区代码（省级行政区码）	预测方法类型
24	锰矿	大茅磷锰矿	4602000004	4600000019	沉积型
25	磷矿	大茅磷锰矿	4602000004	4600000019	沉积型
26	稀土矿	坝王岭离子吸附型稀土矿	4600310002	4600000020	沉积型
27	萤石矿	什统萤石矿	4600360001	4600000021	侵入岩体型
28	硫铁矿	情安岭硫铁矿	4600350002	4600000022	侵入岩体型
29		石碌硫铁矿	4600310001	4600000001	变质型
30	重晶石	保由重晶石矿	4600310003	4600000023	复合内生型
31		冰岭重晶石矿	4600030005	4600000024	沉积型
32		石碌重晶石矿	4600310001	4600000001	变质型
33	煤炭	长坡褐煤油页岩	4600030002	4600000025	沉积型
34		长昌褐煤油页岩	4600040001	4600000026	沉积型
35	油页岩	长坡褐煤油页岩	4600030006	4600000030	沉积型
36		长昌褐煤油页岩	4600040002	4600000031	沉积型
37	锆钛砂矿	铺前锆英石钛铁矿砂矿	4600050002	4600000027	沉积型
38		保定钛铁矿锆英石独居石砂矿	4600060001	4600000034	沉积型
39		佛罗锆英石钛铁矿砂矿	4600330006	4600000035	沉积型
40		万洲坡锆英石砂矿	4600340002	4600000036	沉积型
41		南桥钛铁矿砂矿	4600060002	4600000037	沉积型
42	独居石	保定钛铁矿锆英石独居石砂矿	4600060001	4600000034	沉积型
43	石英砂	龙马石英砂矿	4600050003	4600000029	沉积型

表 5-2　矿产预测类型编码表

序号	矿种（组）	矿产预测类型	矿产预测类型代码	预测方法类型
1	铁矿	石碌式沉积变质型铁矿	4601301	变质型
2		大冶式矽卡岩型铁矿	4601201	侵入岩体型
4	铝土矿	海南式红土型铝土矿	4616101	沉积型
5	铜矿	岭壳式火山岩型铜矿	4604401	火山岩型
6		石碌式沉积变质型铜矿	4604301	变质型
7	铅锌矿	后万岭式脉状铅锌矿	4606201	侵入岩体型
8	金矿	戈枕式破碎-蚀变岩型金矿	4611601	复合内生型
9		抱伦式脉型金矿	4611602	复合内生型
10		富文式脉型金矿	4611603	复合内生型
11	钨矿	莲花山式斑岩钼钨矿	4608201	侵入岩体型
12		新田岭式矽卡岩钨矿	4608202	侵入岩体型
13	磷矿	大茅式沉积型磷锰矿	4618101	沉积型
14	锰矿	大茅式沉积型磷锰矿	4602101	沉积型
15	稀土矿	来石式离子吸附型稀土矿	4614101	沉积型
16	褐煤	长坡式沉积型褐煤油页岩	4624101	沉积型
17		长昌式沉积型褐煤油页岩	4624102	沉积型

续表

序号	矿种（组）	矿产预测类型	矿产预测类型代码	预测方法类型
18	银矿	南报式脉型银矿	4612201	侵入岩体型
19		石碌式沉积变质型银矿	4612301	变质型
20		富文式脉型银金矿	4612601	复合内生型
21	钼矿	白石嶂式脉型钼矿	4610201	侵入岩体型
22		园珠顶式斑岩型钼矿	4610202	侵入岩体型
23		罗葵洞式火山岩型钼矿	4610401	火山岩型
24	萤石矿	什统式热液充填型萤石矿	4622201	侵入岩体型
25	硫铁矿	巷子口式矽卡岩型硫铁矿	4619201	侵入岩体型
26		石碌式沉积变质型硫铁矿	4619301	变质型
27	重晶石	石碌式沉积变质型重晶石矿	4623301	变质型
28		冰岭式风化壳型重晶石矿	4623101	沉积型
29		谭子山式热液脉型重晶石矿	4623601	复合内生型
30	油页岩	长坡式沉积型褐煤油页岩	4699101	沉积型
31		长昌式沉积型褐煤油页岩	4699102	沉积型
32	锆钛砂矿	海南铺前式滨海沉积型锆钛砂矿	4699103	沉积型
33		海南南桥式坡残积型锆钛砂矿	4699104	沉积型
34		海南佛罗式冲洪积型锆英石钛铁矿砂矿	4699106	沉积型
35	独居石	海南保定式滨海沉积型独居石砂矿	4699107	沉积型
36	石英砂	海南龙马式滨海沉积型石英砂矿	4699105	沉积型

注：锰为伴生矿。

表 5-3 预测工作区编码表

序号	矿种（组）	预测工作区	预测工作区代码	矿产预测类型	预测方法类型
1	铁矿	昌江石碌预测工作区	4601301001	石碌式沉积变质型铁矿	变质型
2		振海山—红石预测工作区	4601201001	大冶式矽卡岩型铁矿	侵入岩体型
3		三亚田独预测工作区	4601201002	大冶式矽卡岩型铁矿	侵入岩体型
4	铝土矿	琼北蓬莱预测工作区	4616101001	海南式红土型铝土矿	沉积型
5	铜矿	同安岭—牛腊岭火山岩盆地预测工作区	4604401001	岭壳式火山岩型铜矿	火山岩型
6		昌江石碌预测工作区	4604301001	石碌式沉积变质型铜矿	变质型
7	铅锌矿	海南岛预测工作区	4606201001	后万岭式脉状铅锌矿	侵入岩体型
8	金矿	琼西戈枕预测工作区	4611601001	戈枕式破碎-蚀变岩型金矿	复合内生型
9		琼西红岭—尖峰预测工作区	4611602001	抱伦式脉型金矿	复合内生型
10		雷鸣盆地预测工作区	4611603001	富文式脉型金矿	复合内生型
11	钨矿	尖峰预测工作区	4608201001	莲花山式斑岩钼钨矿	侵入岩体型
12		兰洋预测工作区	4608202001	新田岭式矽卡岩钨矿	侵入岩体型
13	磷矿	大茅预测工作区	4618101001	大茅式沉积型磷锰矿	沉积型
14	锰矿	大茅预测工作区	4602101001	大茅式沉积型磷锰矿	沉积型
15	稀土矿	海南岛预测工作区	4614101001	来石式离子吸附型稀土矿	沉积型
16	褐煤	长坡煤田（预测工作区）	4624101001	长坡式沉积型褐煤油页岩	沉积型
17		长昌煤田（预测工作区）	4624102001	长昌式沉积型褐煤油页岩	沉积型

续表

序号	矿种（组）	预测工作区	预测工作区代码	矿产预测类型	预测方法类型
18	银矿	海南岛预测工作区	4612201001	南报式脉型银矿	侵入岩体型
19		昌江石碌预测工作区	4612301001	石碌式沉积变质型银矿	变质型
20		雷鸣盆地预测工作区	4612601001	富文式脉型银金矿	复合内生型
21	钼矿	海南岛预测工作区	4610201001	白石嶂式脉型钼矿	侵入岩体型
22		尖峰—千家岩体预测作区	4610202001	园珠顶式斑岩型钼矿	侵入岩体型
23		烟塘—塔洋预测工作区	4610202002	园珠顶式斑岩型钼矿	侵入岩体型
24		同安岭—牛腊岭预测工作区	4610401001	罗葵洞式火山岩型钼矿	火山岩型
25	萤石矿	海南岛预测工作区	4622201001	什统式热液充填型萤石矿	侵入岩体型
26	硫铁矿	振海山—红石预测工作区	4619201001	巷子口式矽卡岩型硫铁矿	侵入岩体型
27		昌江石碌预测工作区	4619301001	石碌式沉积变质型硫铁矿	变质型
28	重晶石	昌江石碌预测工作区	4623301001	石碌式沉积变质型重晶石矿	变质型
29		儋州冰岭预测工作区	4623101001	冰岭式风化壳型重晶石矿	沉积型
30		昌江保由预测工作区	4623601001	谭子山式热液脉型重晶石矿	复合内生型
31	油页岩	长坡油页岩盆地	4699101001	长坡式沉积型褐煤油页岩	沉积型
32		长昌油页岩盆地	4699102001	长昌式沉积型褐煤油页岩	沉积型
33	锆钛砂矿	海南岛预测工作区	4699103001	海南铺前式滨海沉积型锆钛砂矿	沉积型
34		海南岛预测工作区	4699104001	海南南桥式坡残积型锆钛砂矿	沉积型
35		海南岛预测工作区	4699106001	海南佛罗式冲洪积型锆英石钛铁矿砂矿	沉积型
36	独居石	海南岛预测工作区	4699107001	海南保定式滨海沉积型独居石砂矿	沉积型
37	石英砂	海南岛预测工作区	4699105001	海南龙马式滨海沉积型石英砂矿	沉积型

注：锰为伴生矿。

4. 数据导入和图件完善

GeoMAG软件可以自动生成各专题图工程文件规定的图层，这样可以将前面步骤预编辑好的图层数据导入工程中对应的图层，然后补充完善图面整饰、图例、图签、插表、插图等内容，编图工作基本完成。

5. 属性录入和完善

根据数据模型的要求，录入或完善属性数据。上一步骤利用GeoMAG软件自动生成专题图的图层时，也自动地建立了各图层的属性结构。当导入的数据图层本身带有属性内容时，则导入时要进行属性字段的匹配，使属性内容随图元带进来。若导入的数据图层没有属性内容，则须在GeoMAG软件中进行属性录入。当图层中要素较多时，属性录入和完善是费时费力的工作。为此，GeoMAG软件提供了“转入图元属性”和“转出图元属性”功能，可将属性内容导出为Excel表格形式进行编辑或检查，也可将编辑好的Excel表格属性数据与图元挂接。充分利用Excel表格强大的功能辅助属性数据录入，既提高了数据录入效率，又减少了出错概率。属性录入时，要按规定正确引用各类编码和下属词。最后，用GeoMAG软件补充完善所有图元的标识码。

6. 编写元数据

对每一个专题图库均编写相应的元数据。元数据编写是利用统一下发的“元数据采集器”工具软件完成的。

7. 图库检查

采用软件机检和人工检查结合的办法对各个专题图和属性库进行全面检查，检查的主要内容包括：①图库的地球椭球参数类型是否规范、地球投影类型是否规范、图件工程文件记录的图件范围与图件内标识的是否一致；②图件计算机名称是否规范、规定图层数是否缺失、图层投影参数是否正确；③图件属性项结构是否与数据模型一致；④图层属性项值域是否出错；⑤属性项数据填写率是否达到要求，填写内容是否合理、是否与图面标注一致；⑥编图说明书中对图库的相关说明是否正确，对缺失的规定图层是否做了说明；⑦元数据是否符合模板要求，内容是否齐全、正确。GeoMAG 软件带有的检查功能模块可以对图件命名、图层命名、属性结构和字段类型长度定义、下属词编码引用、属性缺失或不规范、坐标系统定义等内容进行机检，并生成 Excel 表格形式的质量检查记录卡，可对照记录卡列出的错误项和缺陷项逐一核实或修改。对于无法通过机检方法检查的项目或内容，则采用人工检查的方法进行检查。

专题编图及属性数据库建设有先后顺序。例如，典型矿床成矿要素图是典型矿床预测要素图的底图，必须先编制典型矿床成矿要素图；又如典型矿床预测要素图引用的与成矿有关的重力、磁测、化探、遥感等图层内容须由相应的课题组提前编制完成。因此工作中必须严格执行三级质量体系，保证每一步骤的成果质量可靠，避免将不合格数据传导到下一环节。

二、专题属性数据库建设情况

海南省矿产资源潜力评价涉及铁、锰、铜、煤等 16 个规定评价的矿种和锆英石、钛铁矿、石英砂矿等 5 个自增选的评价矿种，涉及典型矿床 43 处、预测工作区 37 处，均按要求建立了潜力评价成果图数据库。

各类图件统一采用北京坐标系、高斯-克吕格投影（不小于 1∶1 万的图件为 3 度带、中央经线为 108°或 111°，小于 1∶1 万的图件为 6 度带、中央经线 111°），同时还通过投影转换方式生成一套以度为单位的地理坐标系图件作为成果一并提交。

省级图件的比例尺为 1∶50 万，标准分幅图件比例尺为 1∶25 万，预测工作区图件比例尺为 1∶5 万~1∶25 万，典型矿床图件比例尺为 1∶2000~1∶5 万。

以下介绍各专题图库及其图层和主要属性。其中，图层仅列出本图建立的关键图层，一般的引用图层和地理类图层、整饰类图层等不列举。

1. 成矿地质背景专题图数据库

包括省级基础图件和预测工作区底图数据库两大类，前者包括全省大地构造相图、1∶25 万分幅实际材料图和 1∶25 万分幅建造构造图，后者有预测工作区地貌与第四纪地质图、预测工作区沉积建造构造图、预测工作区侵入岩岩浆构造图、预测工作区火山岩岩性岩相构造图、预测工作区变质建造构造图、预测工作区建造构造图共 6 类（表 5-4）。

表 5-4　成矿地质背景专题图（库）主要内容

序号	图（库）名	主要图层	主要属性
1	全省大地构造相图	大地构造相单元	大地构造相单元名称/大地构造相单元代码/大地构造相单元级别/大地构造相特征/地质时代/空间变化特征/演化特征/成矿特征
		沉积岩岩石构造组合	沉积岩岩石构造组合名称/大地构造相特征/地质时代/空间变化特征/演化特征/成矿特征
		火山岩岩石构造组合	火山岩岩石构造组合名称/大地构造相特征/地质时代/空间变化特征/演化特征/成矿特征

续表

序号	图（库）名	主要图层	主要属性
1	全省大地构造相图	侵入岩岩石构造组合	侵入岩岩石构造组合名称/大地构造相特征/地质时代/空间变化特征/演化特征/成矿特征
		变质岩岩石构造组合	变质岩岩石构造组合名称/大地构造相特征/地质时代/空间变化特征/演化特征/成矿特征
		大型变形构造线	引用分幅建造构造图属性库同名数据表结构、数据本身须综合分析
2	1:25万分幅实际材料图	岩性	岩石组合/岩性特征/填图单位名称/形成时代/岩石颜色/岩石结构/岩石构造/侵入岩产状/火山岩相类型/包体特征/化石组合/特殊地质特征
		地质界线	接触关系
		断裂	断裂名称/断裂长度/断裂类型（性质）/断裂面倾向/断裂面倾角/断裂两侧及断裂带内岩石/构造层次/切割深度/运动方式/力学性质/形成时代/叠加活动
		韧性剪切带	韧性剪切带名称/韧性剪切带类型/剪切面理倾向/剪切面理倾角/拉伸线理侧伏向/拉伸线理侧伏角/构造岩特征/构造层次/构造置换特征/运动方式/形成时代/叠加变形特征
		褶皱	褶皱名称/褶皱类型/褶皱形态/褶皱程度/枢纽倾伏向/枢纽倾伏角/轴面倾向/轴面倾角/卷入褶皱的地层/褶皱组合型式/褶皱成因/形成时代/叠加褶皱特征
		蚀变带	蚀变类型/蚀变强度
		化石采样点	采样点位经度/采样点位纬度/样品编号/化石名称/化石代码/产出层位/鉴定时代
		同位素年龄	填图单位名称/采样地理位置/样品岩石名称/同位素地质年龄/测定方法/分析单位/分析时间/年龄性质
		岩石化学样品采样点	所属填图单位名称/取样位置/样品岩石名称/位置经度/位置纬度/分析时间/分析单位/烧失量/总量（%）/全碱/铝饱和指数/（A/NK）/山德指数/皮科克钙碱指数/里特曼岩系指数/莱特碱度率/镁铁指数/固结指数 $SiO_2/TiO_2/Al_2O_3/Fe_2O_3/FeO/MnO/MgO/CaO/Na_2O/K_2O/P_2O_5/CO_2/SO_2$…
		地球化学样品采样点	所属填图单位名称/取样位置/样品岩石名称/样品原始编号/分析时间/分析单位/La/Ce/Pr/Nd/Sm/∑REE/∑LREE/∑HREE/LREE/HREE…
		同位素年龄采样点	所属填图单位名称/取样位置/样品岩石名称/样品原始编号/分析时间/分析单位/（$^{87}Rb/^{86}Sr$）/$\varepsilon_{Sr}(t)$/（$^{147}Sm/^{144}Nd$）/（$^{206}Pb/^{204}Pb$）/S同位素…
		地质点	观察点号/观察点类型
		地质剖面位置	剖面名称/剖面编号/剖面位置经度/剖面位置纬度/控制填图单位/剖面类型
		钻孔	钻孔原编号/钻孔位置经度/钻孔位置纬度/控制填图单位/主要岩石组合/主要化石组合/终孔深度
		产状要素	产状类型/倾向/倾角/走向

续表

序号	图（库）名	主要图层	主要属性
3	1∶25 万分幅建造构造图	沉积岩建造	沉积岩建造大类/沉积岩建造/填图单位名称/填图单位代号/第四纪成因类型/形成时代/沉积岩建造厚度/含矿层厚度/主要化石组合/地层分区/沉积相
		火山岩岩性岩相	岩石组合/填图单位名称/填图单位代号/形成时代/岩石颜色/岩石结构/岩石构造/火山岩相类型/火山碎屑物类型/矿物成分/包体类型/特殊岩类/特殊岩性夹层/喷发类型/岩石系列/成因类型/大地构造环境
		火山构造	火山构造类型/火山构造名称/火山机构组合/剥蚀程度/火山原生构造/喷发间断类别/构造岩浆带名称/构造岩浆旋回
		侵入岩	岩性代码/地理位置经度/地理位置纬度/填图单位名称/填图单位代号/形成时代/特殊岩石/矿物成分/岩石颜色/岩石结构/岩石构造/侵入岩产状/岩墙/包体特征/侵位深度/侵位方式/（侵入岩）剥蚀深度/重要岩石化学参数/岩石系列/岩石成因类型/岩石构造组合/大地构造环境
		构造岩浆带	构造岩浆带名称/构造岩浆带代码/形成时代/控制岩体侵位区域构造带/脉岩构造带/构造岩浆旋回
		变质岩建造	变质岩建造类型/变质岩建造/岩性特征/填图单位名称/填图单位代号/形成时代/含矿层厚度/矿物共生组合/岩石结构/岩石构造/特殊岩石特征/原岩建造/变质相/变质作用类型/变质地质单元/叠加变质特征/大地构造环境/混合岩化程度
		大型变形构造	名称/类型/规模/倾向/倾角/组合型式/物质组成/运动方式/力学性质/形成时代/活动期次/大地构造环境/含矿特征
4	预测工作区地貌与第四纪地质图	地层单元	岩石地层单位/成因地层单位/岩石组合/地层厚度/主要化石/地层时代
		地貌单元	地貌类型/地貌特征/相对切割深度
		含矿层（含卤层）	含矿层（含卤层）名称/矿种/所属地层/含矿层（含卤层）/厚度/湖积层盐类矿物成分/含卤层结构和孔隙度/（湖水）溶解性总固体含量
		（沉积矿产）矿（床）点	矿（床）点位置经度/矿（床）点位置纬度/矿（床）点矿种类型/含矿层厚度/含矿层所属地层单位/含矿岩系沉积亚相或微相
		基岩单元	第四纪基岩单元类型
5	预测工作区沉积建造构造图	沉积岩建造	引用分幅实际材料图和分幅建造构造图的图层，部分内容须补充1∶5万区调或更大比例尺的资料，并开展必要的专题研究工作
6	预测工作区侵入岩岩浆构造图	侵入岩/构造岩浆带	引用分幅实际材料图和分幅建造构造图的图层，部分内容须补充1∶5万区调或更大比例尺的资料，并开展必要的专题研究工作
7	预测工作区火山岩岩性岩相构造图	火山岩岩性岩相/火山构造	引用分幅实际材料图和分幅建造构造图的图层，部分内容须补充1∶5万区调或更大比例尺的资料，并开展必要的专题研究工作
8	预测工作区变质建造构造图	变质岩建造	引用分幅实际材料图和分幅建造构造图的图层，部分内容须补充1∶5万区调或更大比例尺的资料，并开展必要的专题研究工作

续表

序号	图（库）名	主要图层	主要属性
9	预测工作区建造构造图	沉积岩建造/火山岩岩性岩相/火山构造/侵入岩/构造岩浆带/变质岩建造	引用分幅实际材料图和分幅建造构造图的图层，部分内容须补充1：5万区调或更大比例尺的资料，并开展必要的专题研究工作

2. 成矿规律与矿产预测专题图数据库

包括成矿要素图数据库、预测要素图数据库、成矿规律图数据库和预测成果图数据库等（表5-5）。

表5-5　成矿规律与矿产预测专题图（库）主要内容

序号	图（库）名	主要图层	主要属性
1	省级矿产预测类型图	成矿区带划分图要素	Ⅲ级成矿区带名称/Ⅲ级成矿区带代号/Ⅳ级成矿区带名称/Ⅳ级成矿区带代号…
		矿产预测类型分布要素	矿产预测类型/矿种（组）/矿产预测方法类型/预测底图类型/构造时段
		地质构造图要素	使用已有的地质构造图
		矿产地分布图要素	使用已有的矿产地分布图（从已维护的省级矿产地数据库提取）
		大地构造相图要素	引用“全省大地构造相图”
2	典型矿床成矿要素图	沉积型层控内生型成矿沉积建造	岩石地层单位/岩石地层代号/地层时代/地层厚度/含矿岩性层厚度/特殊标志层/岩石类型/岩石颜色/岩石组合/岩石结构/沉积构造/岩石化学参数/建造类型/建造序列/建造厚度/沉积作用类型/沉积序列类型/古水深/古盐度/古水温/古生物/氧化还原环境/酸碱度/沉积相类型/生物相类型/古地理类型/古气候带类型/同沉积构造
		风化壳成矿地质体	岩石地层单位/岩石地层代号/地层时代/地层厚度/含矿岩性层厚度/岩石类型/岩石颜色/岩石组合/岩石结构/沉积构造/基底岩系/基底岩石化学特征/基底岩石类型/古地貌/风化壳特征/氧化还原环境/古地理类型/古气候类型
		第四纪沉积型矿床成矿地质体	地理位置/滨海砂矿（类型）/地貌类型/砂矿汇水盆地编号/砂矿汇水盆地面积/沉积物类型/沉积物厚度/基底岩石形成时代/基底岩性/含矿层名称/含矿层厚度/含矿层岩石颜色/含矿层岩石结构/含矿层岩石化学参数
		火山型矿床成矿火山岩岩性岩相构造	地层单位/岩石地层代号/地层时代/地层分区/火山喷发旋回/地层厚度/含矿岩性层组合厚度/基底时代/基底类型/岩石类型/岩石颜色/岩石组合/岩石系列/矿物组合/副矿物特征/火山碎屑物特征/包体特征/岩石化学参数/矿物包裹体/火山喷发类型/火山喷发韵律/流动单元（冷却单元）/火山喷发古地理环境/火山岩成因类型/共生沉积化石/喷发沉积物理化学条件/特殊岩性夹层/火山岩相类型
		变质型矿床成矿变质建造	地层名称/地层时代/地层厚度/含矿岩性层组合厚度/岩石组合/岩石类型/变质岩岩石结构/变质岩岩石构造/岩相标记/主要矿物组合/副矿物组合/原岩建造/岩石化学特征/混合岩化程度/变质相/变质相系/$P-T-t$轨迹/变质作用类型/叠加变质特征

续表

序号	图（库）名	主要图层	主要属性
2	典型矿床成矿要素图	侵入岩型、复合内生型、层控内生型矿床成矿侵入体	编图单元名称/编图单元代号/侵入期次/岩体产状/平面形态/剖面形态/侵位深度/侵位机制/剥蚀程度/岩相分异类型/岩体侵位构造特征/隐伏岩体推测范围/隐伏岩体埋深/接触带特征/岩石岩性组合/矿物成分/副矿物/岩石结构/岩石构造/包体/成因类型/岩石化学参数/地球化学参数/同位素年龄
		复合内生型矿床围岩地质体	岩石地层单位/岩石地层代号/地层时代/地层厚度/特殊岩性层名称/特殊岩性层厚度/建造类型名称/侵入岩体影响范围/建造厚度/岩石类型/岩石组合/岩石结构/岩石构造/矿物成分
		层控内生型矿床成矿地质体	岩石地层单位/岩石地层代号/成岩时代/地层厚度/岩石类型/岩石结构/岩石构造/建造类型/建造厚度/沉积序列类型/氧化还原环境/酸碱度/沉积相类型/古地理类型/盆地类型/同沉积构造/侵入期次/岩体产状/侵位深度/剥蚀程度/岩相分异类型/岩体侵位构造特征/隐伏岩体推测范围/隐伏岩体埋深/接触带特征/矿物成分/副矿物/岩体成因类型/岩石化学参数/地球化学参数/同位素年龄
		成矿侵入岩体岩相构造（适用于基性超基性岩矿床）	岩相分异类型/相带数量/相带规模/相带形态/相带产状/相带位置/岩石组合/矿物成分/接触类型/含矿岩相
		成矿火山构造	火山构造位置/火山构造类型/剥蚀程度/火山断裂构造/次火山-浅成侵入岩体侵入时代
		成矿侵入角砾岩	规模/岩体形态/产状/角砾成分/角砾大小/角砾含量/胶结物成分
		成矿侵入接触构造	接触面平面状态/接触面剖面产状/捕虏体形态/捕虏体规模/捕虏体岩石名称
		成矿断裂构造	断裂名称/断裂类型/断裂延长/断裂延深/断裂宽度/断裂规模/断裂走向/断裂面倾向/断裂面倾角/断距/断裂面形态/构造岩特征/运动方式/活动期次/力学性质
		成矿褶皱构造	褶皱名称/褶皱位置/褶皱类型/褶皱长度/褶皱宽度/褶皱作用深度/褶皱展布面积/枢纽倾向/枢纽倾角/轴面倾向/轴面倾角/褶皱转折端形态/褶皱的翼间角/翼部特征/褶皱的枢纽指向/褶皱的枢纽倾角/褶皱的对称性/平面轮廓/叠加褶皱特征/空间组合
		成矿后构造	构造规模/走向/倾向/倾角/期次/力学性质/运动方式/组合特征/与矿体关系/矿体位移特点/矿体位移距离
		矿（化）体特征	矿体编号/矿体形状/矿体规模/矿体走向/矿体倾向/矿体倾角/矿体长度/矿体厚度/主要成分/矿石氧化分带/共生组分/矿石品位/矿石品级
		蚀变带	蚀变带形状/蚀变带数目/蚀变带长度/蚀变带宽度/围岩蚀变组合/蚀变类型/蚀变强度/蚀变与矿体关系
3	典型矿床预测要素图	典型矿床成矿要素图为底图，补充引用与成矿有关的重力、磁测、化探、遥感等图层内容	
4	区域成矿要素图	区域成矿构造	构造类型名称/构造带产状/构造带规模构造带/力学性质/构造运动方式/形态/活动历史/构造样式/内部构造组合/构造带类型/构造边界性质/控制矿产地名称

续表

序号	图（库）名	主要图层	主要属性
4	区域成矿要素图	推断控矿构造带	推断走向/构造类型/构造带产状/构造带规模/力学性质/构造运动方式/形态/活动历史/构造样式/内部构造组合/构造带类型/构造边界性质/控制矿产地名称
		成矿区带	成矿区带/代表性矿床名称
		找矿标志	找矿标志/规模
		矿化蚀变标志	蚀变长度/蚀变宽度/蚀变类型组合/蚀变强度/蚀变与矿体关系
		区域矿化蚀变地质体	蚀变类型/蚀变组合/蚀变带形状/蚀变强度
		矿产地（点）	典型矿床标志/矿产地编号/矿产地名称/交通位置/地理经度/地理纬度/赋矿岩石/控矿构造/主矿产/大地构造位置/成矿类型/主矿产规模/主矿产资源储量/主矿产资源储量单位/主矿产平均品位/主矿产平均品位单位/共、伴生矿产1种类/共、伴生矿产1资源储量/共、伴生矿产1资源储量单位/共、伴生矿产1规模/共、伴生矿产1平均品位/共、伴生矿产1平均品位单位/共、伴生矿产2种类…/成矿区带/成矿系列/成矿亚系列/矿床式/成矿时代/成矿年龄/年龄误差/测定方法/矿体空间组合类型/主矿体编号/主矿体形状/主矿体规模/主矿体走向/主矿体倾向/主矿体倾角/主矿体长度/主矿体厚度/主要组分/共生组分/矿石品位/矿石矿物成分/矿石矿物特征/矿石结构/矿石构造/蚀变带长度/蚀变带宽度/围岩蚀变组合/蚀变强度/蚀变与矿体关系
		沉积型矿产地成矿建造*	岩石地层单位/地层单位代号/地层时代/含矿岩性层组合厚度/特殊标志层/岩石类型/岩石颜色/岩石组合/岩石结构/沉积构造/沉积建造类型/建造厚度/特殊矿物
		火山型矿产地成矿建造*	岩石地层单位/地层单位代号/地层时代/含矿岩性层组合厚度/特殊标志层/岩石类型/岩石颜色/矿物成分/岩石组合/岩石结构/岩石构造/基底类型/岩石系列/火山岩相类型/火山碎屑类型/火山喷发类型
		变质型矿产地成矿建造*	地层单位名称/地层单位代号/地层时代/含矿岩性层组合厚度/岩石组合/岩石类型/变质岩岩石结构/变质岩岩石构造/主要矿物组合/原岩建造/混合岩化程度
		侵入岩型、复合内生型、层控内生型矿点侵入体*	编图单元名称/编图单元代号/岩体产状/岩体形态/接触带特征/岩石类型/矿物成分/岩石组合/岩石结构/岩石构造/常量元素/微量元素
		复合内生型矿床围岩地质体*	参见“典型矿床成矿要素图”
		成矿侵入岩体岩相构造（适用于基性超基性岩矿床）*	参见“典型矿床成矿要素图”
		成矿火山构造*	参见“典型矿床成矿要素图”
		成矿侵入角砾岩*	参见“典型矿床成矿要素图”
		成矿侵入接触构造*	参见“典型矿床成矿要素图”
		成矿断裂构造*	参见“典型矿床成矿要素图”
		成矿褶皱构造*	参见“典型矿床成矿要素图”
		成矿后构造*	参见“典型矿床成矿要素图”

续表

序号	图（库）名	主要图层	主要属性
5	区域预测要素图	区域成矿要素图为底图，并引用相应区域的重力、磁测、化探、遥感、自然重砂等异常图层及属性	
6	省级单矿种（组）成矿规律图	成矿区带	参见“区域成矿要素图”
		××矿（组）矿产地特征（点）	矿产地编号/主矿种/矿产地名/交通位置/地理经度/地理纬度/大地构造位置/成矿类型/主矿产矿床规模/主矿产储量/主矿产储量单位/主矿产平均品位/主矿产平均品位单位/主矿产保有储量/主矿产保有储量单位/共、伴生矿产1种类/共、伴生矿产1资源储量/共、伴生矿产1资源储量单位/共、伴生矿产1规模/…/成矿区带/成矿系列/成矿亚系列/矿床式/成矿时代/成矿年龄/年龄误差/测定方法/测试方法/矿体空间组合类型
		××矿（组）找矿标志（点）	参见“区域成矿要素图”
		××矿（组）矿化蚀变标志（点/线）	参见“区域成矿要素图”
		××矿（组）成矿时代（点）	矿产地编号/地理经度/地理纬度/矿床类型/主矿种规模/成矿时代/改造时代/时代与类型关系
		××矿（组）找矿远景区	远景区名称/远景区编号/远景区面积/远景区类别/行政位置/主攻矿种/主攻矿床类型/代表性矿床（点）
7	省级成矿规律图	成矿区带	参见“区域成矿要素图”
		矿产地特征（点）	参见“省级单矿种（组）成矿规律图”
		找矿标志（点）	参见“区域成矿要素图”
		矿化蚀变标志（点/线）	参见“区域成矿要素图”
		成矿时代（点）	参见“省级单矿种（组）成矿规律图”
8	预测工作区××矿产预测类型预测成果图	矿产预测类型最小预测区	最小预测区编号/最小预测区名称/比例尺/地理位置/成矿地质背景/最小预测区面积/矿产预测类型/预测区类别/已探明资源量/资源量估算方法1/方法1预测资源量/资源量估算方法2/方法2预测资源量
9	省级××矿种（组）预测成果图	成矿区带预测成果汇总	成矿区带编码/成矿区带名称/代表性矿床名称/已探明矿产储量/资源量估算方法1/方法1预测资源量/资源量估算方法2/方法2预测资源量
		××矿种（组）预测区成果	预测区编号/预测区名称/比例尺/地理位置/成矿地质背景/已探明矿产储量/预测区面积/预测区级别/预测区类别/预测矿种/预测矿种储量单位/资源量估算方法1/方法1预测矿种资源量/方法1的334-1预测资源量/方法1的334-2预测资源量/方法1的334-3预测资源量/资源量估算方法2/方法2预测矿种资源量/方法2的334-1预测资源量/方法2的334-2预测资源量/方法2的334-3预测资源量
10	省级××矿种（组）勘查工作部署图	勘查工作部署建议	部署建议区编号/部署区名称/矿种（组）/部署区等级/中大比例尺填图工作/物探工作建议/化探工作建议/遥感工作建议/勘查工作建议/预期成果
		已有工作程度	工作比例尺/工作区名称/矿种（组）/工作目的/勘查工作阶段/工作起止时间
11	省级××矿种（组）未来矿产开发基地预测图	未来矿产开发基地预测图层	预测资源基地编号/预测资源基地名称/矿种（组）/预测时间/预测资源总量/预测可供开采资源总量/预测年增产产量

*根据具体成矿要素选择。

3. 重力专题图数据库

包括重力推断地质构造图数据库、布格重力异常图数据库、剩余重力异常图数据库等（表5-6）。

表5-6 重力专题图（库）主要内容

序号	图（库）名	主要图层	主要属性
1	省级（预测工作区）重力推断地质构造图	重力推断矿体	编码/推断矿种/矿体体积/矿体形态/出露情况/重力异常特征/成果提供单位/成果提供时间/断裂依据/可靠程度
		重力推断断裂构造	断裂编码/推断断裂名称/断裂性质/断裂推断长度/断层面走向/断层面倾向/推断断裂延深/断裂分级/出露情况/断裂构造重力异常特征/成果提供单位/成果提供时间/断裂依据/可靠程度
		重力推断构造单元	构造编码/构造名称/构造级别/构造单元面积/边界出露情况/重力异常特征/成果时间/划分依据/可靠程度
		重力推断地层	编码/名称/性质/长度/宽度/厚度/埋深/成果时间/出露情况/推断依据/重力异常特征/可靠程度
		重力推断构造岩浆岩带	岩浆岩带编码/岩浆岩带名称/岩浆岩带性质/岩浆岩带形状/展布方向（岩浆岩带）/长度（岩浆岩带）/宽度（岩浆岩带）/面积/出露情况/成果时间/推断依据/重力异常特征/与矿产关系/可靠程度
		重力推断岩体	岩体编码/岩体名称/岩体类型/岩体形态/走向/顶面面积/顶面埋深/出露情况/成果时间/推断依据/重力异常特征/与矿产关系
		重力推断盆地	盆地编码/盆地名称/盆地面积/盆地性质/基底性质/基底或目标层深度/成果时间/推断依据/可靠程度
		重力推断推覆构造	推断推覆构造编码/推断推覆构造名称/推断推覆构造面积/推断推覆构造长度/推断推覆构造宽度/成果时间/推断依据/重力异常特征/可靠程度
		重力推断火山机构	推断火山机构编码/推断火山机构名称/推断火山机构形状/火山机构半径/推断火山机构面积/重力异常特征/成果时间/推断依据/可靠程度
2	省级（预测工作区）重力工作程度图	重力工作程度	工区名称/行政省区名/工区面积/工作单位/完工时间/工作比例尺/重力系统/重力起算点/中间层密度/正常场公式/重力仪类型/重力观测精度/布格重力异常总精度/高程测量方法/高程测量精度/成果报告名称/成果报告完成时间/原始数据存放地
3	省级（预测工作区）布格重力异常图	布格重力异常符号	异常位置经度/异常位置纬度/异常形状/异常走向
		布格重力异常线/布格重力异常面/布格重力异常值标注	专业软件成图自带属性
4	省级（预测工作区）剩余重力异常图	剩余重力异常编号	异常位置经度/异常位置纬度/异常形状/异常走向/异常面积/异常强度/异常长度
		剩余重力异常线/剩余重力异常面/剩余重力异常值标注	专业软件成图自带属性

4. 磁测专题图数据库

包括推断磁性矿产分布图数据库、磁异常分布图数据库、磁测工作程度图数据库等（表5-7）。

表 5-7　磁测专题图（库）主要内容

序号	图（库）名	主要图层	主要属性
1	预测工作区矿产预测类型磁法推断磁性矿产分布图	磁法推断/已知磁性矿体范围	矿产预测类型/矿体所属矿床编号/矿体编号/推断矿体经度/推断矿体纬度/磁性矿体埋深/矿体走向/矿体产状/磁性矿体磁化强度/磁性矿体体积/资源量估算/资源量预测可靠性定级/拟合剖面图或等值线图
2	省区磁法推断磁性矿床分布图	磁法推断/已知磁性矿床	矿产预测类型/矿床编号/推断矿床经度/推断矿床纬度/推断矿床包含矿体数量/磁性矿床埋深/资源量估算/资源量预测可靠性定级
3	预测工作区（省级）磁法推断地质构造图	磁法推断断裂构造	断裂编号/出露情况/断裂级别/断裂构造走向/断裂长度/断裂构造磁场标志
		磁法推断火山构造	火山构造编号/火山构造形态/出露情况/火山构造埋深/火山构造顶面投影面积/火山构造磁场标志
		磁法推断侵入岩体	侵入岩体编号/侵入岩体类型/出露情况/侵入岩体顶面投影面积/侵入岩体顶面埋深/侵入岩体截面面积/侵入岩体磁场标志
		磁法推断火山岩地层	火山岩地层编号/火山岩地层岩性/出露情况/火山岩地层走向/火山岩地层顶面投影面积/火山岩地层磁场标志
		磁法推断变质岩地层	变质岩地层编号/变质岩地层岩性/出露情况/变质岩地层走向/变质岩地层顶面投影面积/变质岩地层磁场标志
		磁法推断磁性蚀变带	磁性蚀变带编号/蚀变带类型/出露情况/磁性蚀变带展布特征/磁性蚀变带磁场标志
4	省级磁异常分布图	磁异常中心点	磁异常编号/中心点经度/中心点纬度/幅值/异常形态特征/异常长度/异常宽度/异常走向/地检级别/地检结果/推断意见/磁异常类别
5	预测工作区磁异常范围分布图	磁异常范围	异常长度/异常宽度/异常面积/圈定依据
6	省级航磁工作程度图	航磁工作程度范围	工区编号/工作年代/工作比例尺/质量评价/资料来源
7	省级地磁工作程度图	地磁工作程度范围	工区编号/工作年代/工作比例尺/质量评价/资料来源

5. 化探专题图数据库

包括地球化学图数据库、地球化学异常图数据库、地球化学推断解译地质图数据库、地球化学找矿预测图数据库、地球化学景观图数据库、典型矿床所在位置区域化探异常特征剖析图数据库、地球化学采样点位图数据库等（表 5-8）。

表 5-8　化探专题图（库）主要内容

序号	图（库）名	主要图层	主要属性
1	省级地球化学采样点位图	地球化学采样点位	采样介质/经度/纬度/横坐标/纵坐标/野外工作区编号/原始样号/图幅编号/采样日期/采样者/高程/采样部位/样品袋号
2	省级地球化学景观图	地球化学景观区	景观区名称/景观区分类/景观特征/景观区面积
3	省级区域地球化学工作程度图	区域地球化学工作程度	野外工作区编号/图幅代码/工作比例尺/地理投影方式/工作面积/工作单位/工作起始日期/工作结束日期/行政负责人/技术负责人/工作方法/工作质量/实际采样数/实际分析数

续表

序号	图（库）名	主要图层	主要属性
4	省级（预测工作区）××元素地球化学图	××元素含量分布等值线	元素组分/含量值
		××元素含量分布等值区	元素组分/含量范围下限值/含量范围上限值
5	省级（预测工作区、典型矿床）××元素地球化学异常图	××元素地球化学异常范围	元素名称/采样介质/异常下限/极值点/化探异常类别/异常编号/异常形态/异常规模/计量单位/异常面积/异常点数/异常平均值
6	省级（预测工作区）地球化学组合异常图	××元素地球化学异常	引用“省级（预测工作区、典型矿床）××元素地球化学异常图”
		…	
7	省级（预测工作区）地球化学综合异常图	主成矿元素异常范围	主成矿元素/采样介质/主成矿元素异常下限/异常类别/综合异常编号/异常形态/异常规模/计量单位/异常面积/异常点数/异常平均值
		主要伴生、共生元素异常下限	主要伴生、共生元素/采样介质/主要伴生、共生元素异常下限/异常类别/综合异常编号/异常形态/异常规模/计量单位/异常面积/异常点数/异常平均值
8	省级地球化学推断解译地质图	地球化学推断构造	构造分级/构造名称/断裂编号/断裂走向/断裂规模/推断依据
		地球化学推断岩体	岩体分类/岩体名称/岩体编号/岩性特征/岩体规模/推断依据
		地球化学推断找矿远景区	远景区编号/推断矿种/推断矿床类型/远景区范围/远景区面积/推断依据/远景区类别
		地球化学推断矿致异常	元素组合/化探异常类别/推断矿致异常编号/推断矿种/主成矿元素/主要伴、共生元素/推断矿床类型/推断矿床规模
9	省级地球化学找矿预测图	地球化学找矿预测区	预测区级别/预测区名称/预测区面积/已知矿产情况/预测主要矿种/预测深度/预测资源量/预测资源量单位/潜力评价
		地球化学找矿靶区	预测区级别/找矿靶区名称/找矿靶区面积/已知矿产情况/预测主要矿种/成矿率/预测深度/预测资源量/预测资源量单位/潜力评价
10	典型矿床所在位置区域化探异常特征剖析图	地球化学单元素异常特征	主成矿元素/主成矿元素区域异常下限/主成矿元素区域异常浓度特征/主成矿元素区域异常浓度分带/主成矿元素区域异常形态/主成矿元素区域异常规模/主要伴、共生元素/伴、共生元素区域异常下限/伴、共生元素区域异常浓度特征/伴、共生元素区域异常浓度分带/伴、共生元素区域异常形态/伴、共生元素区域异常规模
		地球化学组合异常特征	异常元素组合/组合异常形态/组合异常规模/组合元素分带
11	典型矿床所在位置区域化探异常特征图	岩石地球化学平面异常特征	主成矿元素/主成矿元素异常下限/主成矿元素含量范围/主成矿元素异常形态/主成矿元素异常规模/主成矿元素浓度分带/主要伴、共生元素/主要伴、共生元素异常下限/主要伴、共生元素异常形态/主要伴、共生元素异常规模/主要伴、共生元素浓度分带
		土壤地球化学异常特征	
		水系沉积物地球化学异常特征	

续表

序号	图（库）名	主要图层	主要属性
11	典型矿床所在位置区域化探异常特征图	岩石地球化学平面组合异常特征	异常元素组合/组合异常形态/组合异常规模/组合元素分带
		土壤地球化学组合异常特征	
		水系沉积物地球化学组合异常特征	
		岩石地球化学剖面异常特征	前缘元素异常分布特征/近矿指示元素异常分布特征/尾晕元素异常分布特征

6. 自然重砂专题图数据库

包括省级自然重砂异常图数据库、预测工作区自然重砂异常图数据库（表5-9）。

表5-9　自然重砂专题图（库）主要内容

序号	图（库）名	主要图层	主要属性
1	省级（预测工作区）自然重砂异常图	自然重砂异常分布	异常类型/异常编号/异常名称/矿物名称/矿物含量/异常分级/异常下限/标型特征/异常检查情况/汇水盆地/异常面积/迁移距离/推断矿种/矿化特征

7. 遥感专题图数据库

包括羟基异常分布图数据库、铁染异常分布图数据库、遥感构造解译图数据库、遥感异常组合图数据库等（表5-10）。

表5-10　遥感专题图（库）主要内容

序号	图（库）名	主要图层	主要属性
1	典型矿床（预测工作区）遥感矿产地质特征与近矿找矿标志解译图	遥感断层要素	断层名称/断层长度/断层走向/遥感断层要素位移/平面形态/遥感断层要素规模/遥感断层要素性质/断层描述/解译依据
		遥感脆韧性变形构造带要素	构造带长度/构造带走向/构造带成因/构造运动强度/构造带分类/构造两侧描述/解译依据
		遥感逆冲推覆滑脱构造要素	构造长度/构造走向/构造运动强度/滑脱构造类型/构造两侧描述/解译依据
		遥感环状要素	环要素名称/环状要素成因/环分类/环规模/与其余环构造的关系/环要素性质描述/解译依据
		遥感块状要素	块要素名称/成因形态类型/长轴方向/产出构造部位/块状要素规模/外部应力性质/与围岩关系/是否有矿化/蚀变现象/解译标志
		遥感色要素	遥感色要素类型/遥感色要素面积/相关地质构造背景/示矿性/解译依据
		遥感带状要素	地层年代/地层名称/岩性组合/与矿关系/带状要素面积/所处构造部位/带状要素类型/解译依据
		遥感近矿找矿标志要素	近矿找矿标志类型/近矿找矿标志要素走向/近矿找矿标志面积/近矿找矿标志长度/近矿找矿标志宽度/判别依据

续表

序号	图（库）名	主要图层	主要属性
2	典型矿床（预测工作区、分幅）遥感羟基异常分布图	遥感羟基异常要素	遥感异常名称/遥感异常面积/所处的地质构造环境/羟基异常性质/羟基异常强度
3	典型矿床（预测工作区、分幅）遥感铁染异常分布图	遥感铁染异常要素	遥感异常名称/遥感异常面积/所处的地质构造环境/铁染异常性质/铁染异常强度
4	分幅遥感矿产地质特征解译图	遥感断层要素	同“典型矿床遥感矿产地质特征与近矿找矿标志解译图”
		遥感脆韧性变形构造带要素	
		遥感逆冲推覆滑脱构造要素	
		遥感环状要素	
		遥感块状要素	
		遥感色要素	
		遥感带状要素	
5	省级遥感构造解译图	遥感断层要素	同“典型矿床遥感矿产地质特征与近矿找矿标志解译图”
		遥感脆韧性变形构造带要素	
		遥感逆冲推覆滑脱构造要素	
		遥感环状要素	
6	省级遥感异常组合图	遥感异常组合要素	遥感异常组合名称/异常面积/所处的成矿带背景/异常组合性质/异常组合类型
7	四种遥感影像数据库	即典型矿床、预测工作区、分幅、全省四种遥感影像数据库，内容为遥感影像数据文件	

三、元数据库建设情况

按“一图一库一元数据”的要求，编写专题图库元数据，内容包括元数据信息、标识信息、数据集质量信息、空间参照系信息、内容信息、引用和负责单位信息等。元数据编写用“元数据采集器”工具软件完成，编写完成后导出 TXT 和 XML 两种格式来保存、提交。

第六章　矿产资源潜力评价成果集成数据库建设

为实现对省级矿产资源潜力评价各专题图件及属性库等全部成果的有效管理和实现查询、检索等应用服务，需通过数据库形式，对潜力评价成果进行汇总、集成。

“省级矿产资源潜力评价综合集成数据库建设”是综合信息集成课题的一项重要任务，不仅是省级成果的全面展现和集成，也是下一阶段各大区和全国矿产资源潜力评价成果集成工作的基础。

按照全国矿产资源潜力评价成果汇总技术要求开展资料性成果汇总和数据集成建库的过程对本章内容介绍如下。

第一节　工作内容

海南省矿产资源潜力评价成果集成数据库建设主要包括资料性成果汇总和集成数据库建设两方面的工作。

资料性成果汇总是根据全国矿产资源潜力评价项目统一的技术要求，对海南省本轮评价工作中各专业课题完成且经过验收和复核的成果进行资料性汇总而开展的一项综合性工作。

集成数据库建设指按照《省级矿产资源潜力评价资料性成果集成建库实施技术指南》要求，在“省级矿产资源潜力评价资料性成果汇总建库管理系统”（GeoPEX 软件）上开展的海南省矿产资源潜力评价成果集成数据库建设工作，即在资料性成果汇总的基础上，以大型数据库平台存储方式对数据库成果和相关文档资料等建立综合性管理数据库，实现真正意义上的数据库管理模式，为成果管理、维护和进一步开发利用提供有效的手段。

集成数据库建设涉及的数据包括成矿地质背景、成矿规律及矿产预测、磁测、重力、化探、自然重砂、遥感专题的省级编图成果，以及各预测矿种（组）的评价成果图库及相关文档。

第二节　工作流程

海南省矿产资源潜力评价成果集成数据库建设主要包括资料收集整理、计算机环境配置、数据库注册、查询方案配置、用户注册、数据投影转换、数据入库、文档导入等过程（图 6-1）。

图 6-1 中，“GeoTOK 检查”是指用全国重要矿产资源潜力评价综合信息集成项目组下发的 GeoTOK 软件对图形数据库进行的空间拓扑检查。

符合数据模型规定的图件可顺利导入集成数据库，因此，在图件入库前要利用 GeoMAG、GeoTOK 软件对图件再次进行检查、整改，使之符合数据模型的要求。检查的主要内容有以下几方面：

（1）图层属性值域是否报错（主要指下属词错误）。

（2）图层属性结构、字段长度、类型与数据模型规定是否一致。

（3）图层名称是否符合数据模型规定或按数据模型进行了规范。

（4）图件名称是否符合数据模型规定或按数据模型进行了规范。

（5）图件地图投影参数是否正确或与数据模型规定相一致。

（6）图件空间拓扑是否合格（主要指结点、套合不一致、拓扑不一致等．应最大限度消除所有拓扑错误，达到零缺陷状态，满足成果数据库的空间查询、分析、管理等操作）。

（7）图件使用的 MapGIS 系统库是否与“全国矿产资源潜力评价”项目规定的统一系统库一致。

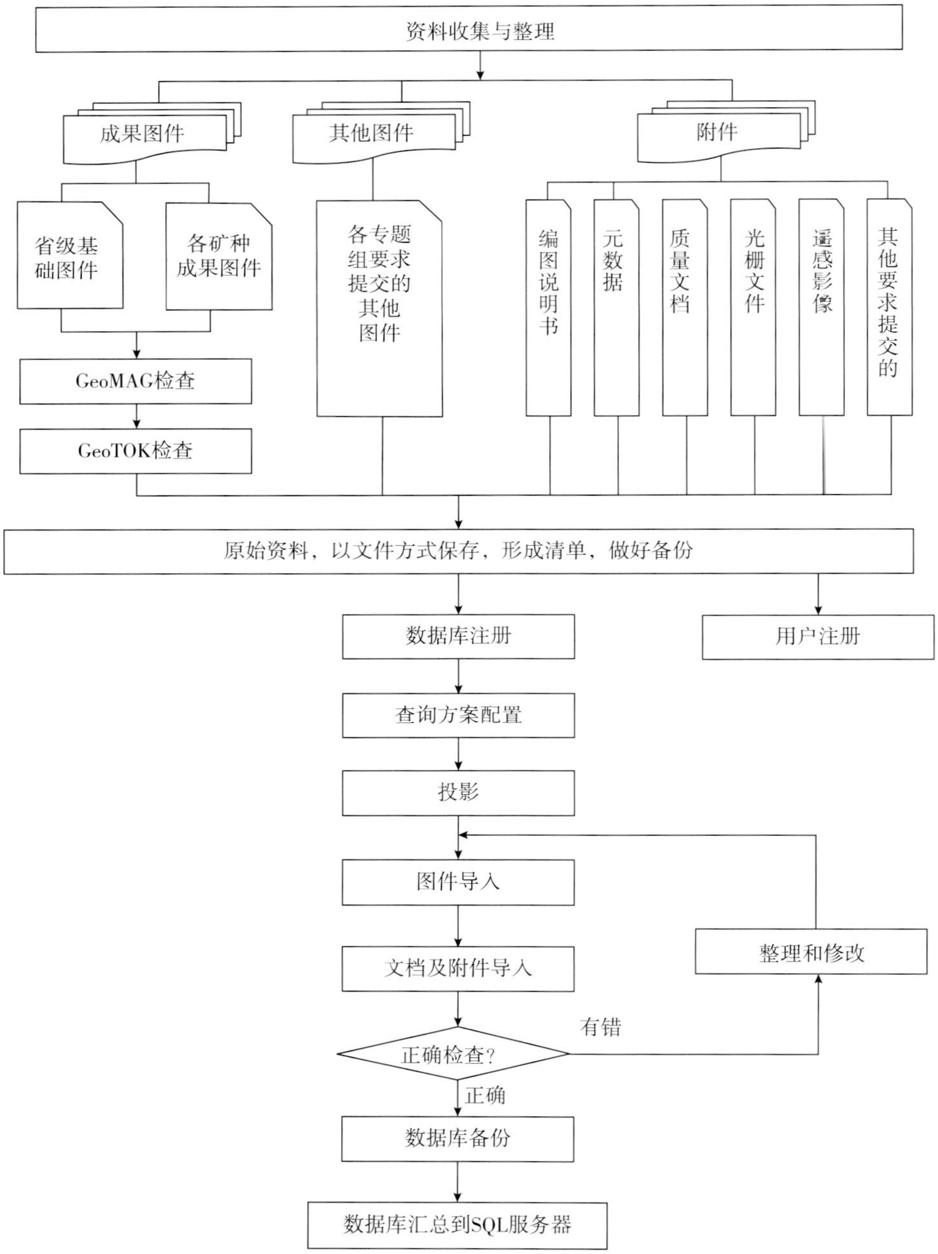

图 6-1　集成建库工作流程

不属于全国矿产资源潜力评价数据模型规定但属于各专业需要提交的成果，包括各专业汇总组规定需要提交的资料、各种过渡性图件、图片文件、数据表格文件、文字报告，以及各种资料卡片扫描件等，只要资料种类与齐全性满足《省级矿产资源潜力评价综合信息集成课题汇总技术要求》的规定、内容符合相关专业汇总组工作技术要求与相关规定即可入库。

属于省级项目组汇总综合研究成果，包括省级各专题按相关专题省级汇总技术要求规定需要提交的图件及其属性库、遥感影像、编图说明书、图件元数据、文档报告、数据表格，以及相关内容清单等，只要在专业方面符合全国各专业汇总组制定的相关省级汇总技术要求的成果资料需要入库，数据库方面参照全国矿产资源潜力评价项目办公室 2010 年 35 号文执行的资料成果也要入库。

第三节 计算机环境配置

集成数据库建设任务由信息集成课题组承担，共投入了 3 台电脑和 1 台图形工作站，在各客户端分别建立单矿种（组）和省级基础编图汇总数据库，再将各个库汇总集中到 SQL 服务器上。其建库所处网络结构见图 6-2。

服务器端软硬件环境：CPU 四核 Xeon E5310，内存 4GB，硬盘 SCSI 1TB，Windows Server 2003，MS SQL Server 2008，Offices 2007。

客户端软硬件环境：双核 CPU 2GHz 以上，内存 2GB 以上，硬盘空间>200GB。Windows XP sp3 或 MS Windows 7 sp1，MS SQL Server 2008，Offices 2003 以上，MapGIS 6.7，GeoPEX。

GeoPEX 软件全称为“省级矿产资源潜力评价资料性成果汇总建库管理系统”，由全国重要矿产资源潜力评价综合信息集成项目组下发，用于省级矿产资源潜力评价资料性成果汇总建库，建立省级矿产资源潜力评价资料性成果数据库系统，是集成建库使用的主要软件。

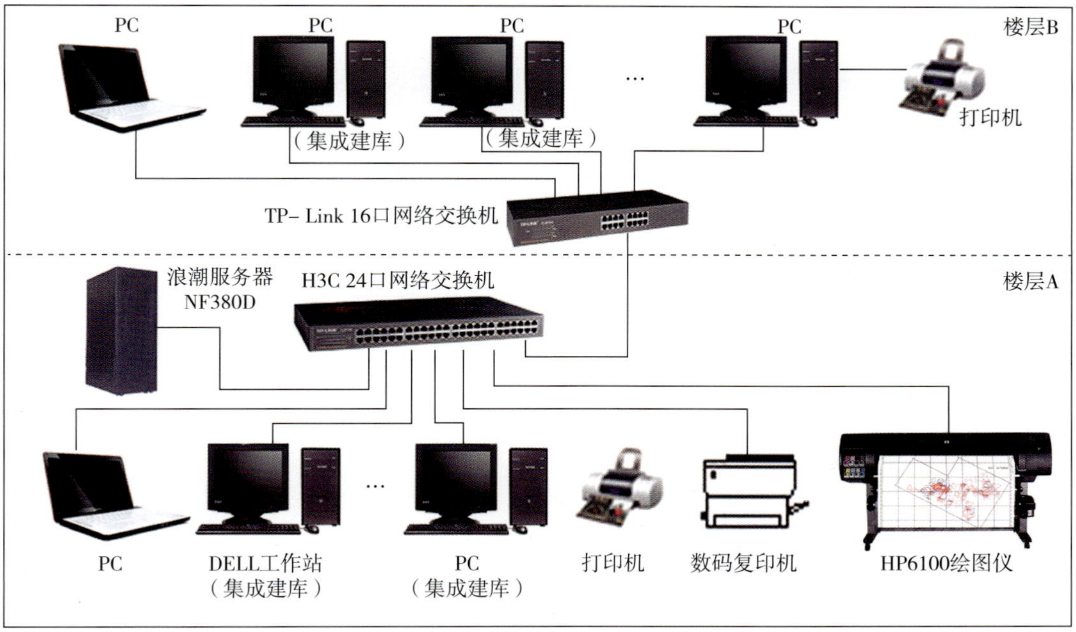

图 6-2 计算机网络结构示意图

第四节　资料性成果汇总

一、汇总内容和结果

资料性成果汇总相当于评价成果集成建库前的准备，只有符合数据模型规范和汇总技术要求的成果才能集成到数据库中。因此，建库前必须对成果进行整理、检查。

根据“全国矿产资源潜力评价”项目规定，省级矿产资源潜力评价成果分三部分：

（1）属于全国矿产资源潜力评价数据模型规定成果（包括规定要提交的图件及其属性库、遥感影像、编图说明书、图件元数据、文档报告、数据表格，以及相关内容清单等），按全国矿产资源潜力评价项目管理办公室2010年35号文规定的成果目录汇总。

（2）不属于全国矿产资源潜力评价数据模型规定但属于各专业需要提交的成果（包括各专业汇总组规定需要提交的资料、各种过渡性图件、图片文件、数据表格文件、文字报告，以及各种资料卡片扫描件等）。该部分成果自建目录“地质背景相关成果资料”“成矿规律相关成果资料”“矿产预测相关成果资料”“重力应用相关成果资料”“磁测应用相关成果资料”“化探应用相关成果资料”“遥感应用相关成果资料”和“重砂应用相关成果资料”分别存放。历次成果抽查、审查、验收、复审、复核意见扫描件，自建目录“历次验收意见扫描件”存放。

（3）属于省级项目组汇总综合研究成果（包括省级各专题按相关专题省级汇总技术要求规定需要提交的图件及其属性库、遥感影像、编图说明书、图件元数据、文档报告、数据表格，以及相关内容清单等）。该部分成果按全国综合信息集成汇总组规定的成果目录汇总提交。

按上述要求及《全国矿产资源潜力评价省级矿产资源潜力评价资料性成果图件及属性库复核汇总技术方案》（全国矿产资源潜力评价项目办公室，2009）等规定，分别将三部分成果进行了归类存放。

以成矿地质背景研究课题组编制的铁矿预测工作区侵入岩岩浆构造图为例，汇总后的文件目录归放如图6-3所示。

汇总后的各专业需要提交的成果目录归放如图6-4所示。

由于煤矿种潜力评价的数据模型与其他矿种不同，因此煤矿种潜力评价成果汇总整理按照全国煤炭资源潜力评价项目组的要求进行。

成果汇总整理提交的清单主要有：①海南省矿产资源潜力评价预测矿种（组）清单；②海南省矿产资源潜力评价预测类型清单；③海南省矿产资源潜力评价典型矿床清单；④海南省矿产资源潜力评价预测工作区清单；⑤海南省矿产资源潜力评价图库清单；⑥基于全国前三级成矿区带方案的海南省Ⅳ、Ⅴ级划分方案；⑦基于全国前三级大地构造分区方案的海南省Ⅳ、Ⅴ级划分方案；⑧基于全国前三级地层区划方案的海南省Ⅳ级（地层小区）划分方案。

成果汇总整理提交的文档主要有：各类成果报告、工作总结报告、项目实施方案、年度设计/工作方案。

二、有关问题和处理方法

汇总工作中遇到的有关问题和处理方法说明如下：

（1）值域（下属词）报错。按照数据模型规定，KCBBA（矿床式）字段应填写下属词代码，由于本省个别矿产地的矿床式没有相应的下属词代码，因此填写了“罗葵洞式”“园珠顶式”“南山海式”等汉字，因此无法入库。出现这种情况的还有YSEA（岩石类型）字段出现填写“石英斑岩”“煌斑岩”的情况。

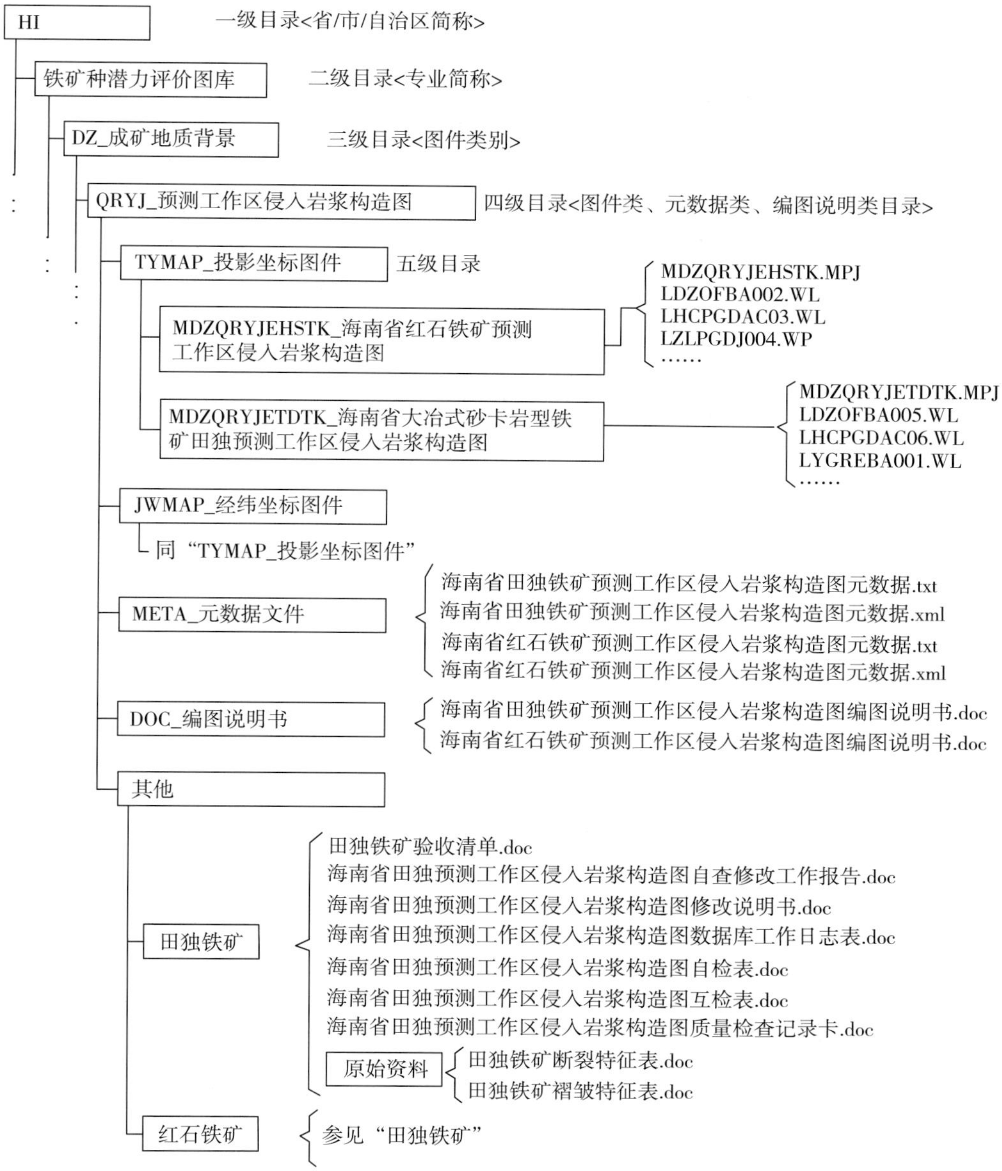

图 6-3　数据模型规定的图（库）成果汇总目录结构示意

下属词条目的补充需要向全国重要矿产资源潜力评价综合信息集成项目组上报，并经过审核、是否批准、批准后的数据模型维护与数据模型下发等严格控制过程。因此，在未补充收录到下属词条目前，集成入库时处理方法是：YSEA（岩石类型）字段按相近的下属词条目选择，或往岩石大类靠，如“石英斑岩”暂用“流纹岩”下属词 0641 表示，“煌斑岩”暂用“片麻状变质煌斑岩”下属词 0792 表示。稀土矿品位单位 g/m^3 无下属词，暂用 ppt 的下属词 6 代替。KCBBA（矿床式）字段出现的汉字内容则全删除。

（2）属性结构不符合数据模型要求。出现这一问题的主要是早期完成的图库中的大地构造相单元（面）图层，原因是数据模型有变动。处理方法：按新的属性结构增加属性字段、更改属性字段定义，能通过入库检查即可，具体的属性内容不做变动或补充。最终定稿后的大地构造相单元（面）图层与早期的不同，但考虑到早期成果内容的协调性，集成入库时不用定稿的图层替换原先的图层。

（3）出现空图层。部分成矿规律研究和矿产预测图有空图层，因已在编图说明书中做了说明，空图层入库无意义，因此集成入库时将空图层全部删除。

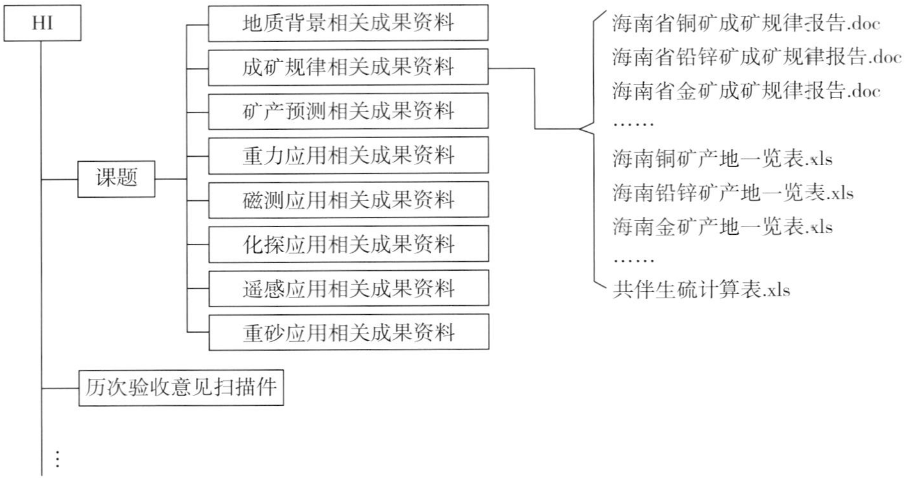

图 6-4 专业课题要求提交的成果汇总目录结构示意

（4）拓扑报错。矿产预测类型分布区界线出现重叠点错误，原因是该界线范围按坐标范围以投影的方式生成，因相关选项设置不合理，造成了线上的坐标点过多过密，有的多达几千个点，毫无意义。处理方法：将线上的坐标点抽稀，去掉无意义的坐标点。对于出现的“Z 字形线报错”均为地理底图要素，考虑到地理底图仅起辅助作用，不影响数据管理和应用，因此集成建库时没有做修改。

（5）图件工程重名。在重力、磁测、化探等专业课题的图库中出现了同名的工程文件，如 5 张省级地球化学综合异常图的工程名均为 MHTZHYCBZHYC、3 张铁矿预测工作区布格重力异常图的工程名均为 MZLBGZYCBGZY 等。由于重名，这些图件不能入库。因此，按照相关技术要求，对图件工程名进行了修改（按预测区拼音首字母或主要的元素化学符号修改工程名后四位，如“MHTZHYCBZHYC_ 海南省金-砷-银-铅-铋综合异常图”改为“MHTZHYCBAUAS_ 海南省金-砷-银-铅-铋综合异常图”，“MHCCYFWECYFB_ 昌江石碌预测工作区磁异常分布图”改为“MHC-CYFWECJSL_ 昌江石碌预测工作区磁异常分布图”，“MHCCYFWECYFB_ 三亚田独预测工作区磁异常分布图”改为“MHCCYFWESYTD_ 三亚田独预测工作区磁异常分布图”等）。

第五节 成果集成数据库建设

一、GeoPEX 体系结构

GeoPEX 软件用于省级矿产资源潜力评价资料性成果汇总建库，建立省级矿产资源潜力评价资料性成果数据库系统，其体系结构如图 6-5 所示。

GeoPEX 支持基于本地、局域网、广域网分布式管理，实现省级矿产资源潜力评价图件、报告、编图说明书、元数据等一体化管理，可按专业、矿种、图件类型、图层分类、空间范围、图元属性等多种方式浏览、查询、检索图件、图层、图元、属性及相关文档，对检索结果进行方便导出，辅助综合编图等应用。主要功能包括：①数据库注册、查询方案配置、环境设置；②用户管理、权限分配；③投影转换（批量转换等）；④图件入库；⑤图件、图层、图元及属性浏览、查询、检索；⑥检索结果导出；⑦数据维护（包括编图说明书、元数据、质量检查文档、栅格图像、遥感图像、汇报材料、表格、其他等文档）；⑧数据库备份、数据库恢复、数据库迁移、数据库优化等。

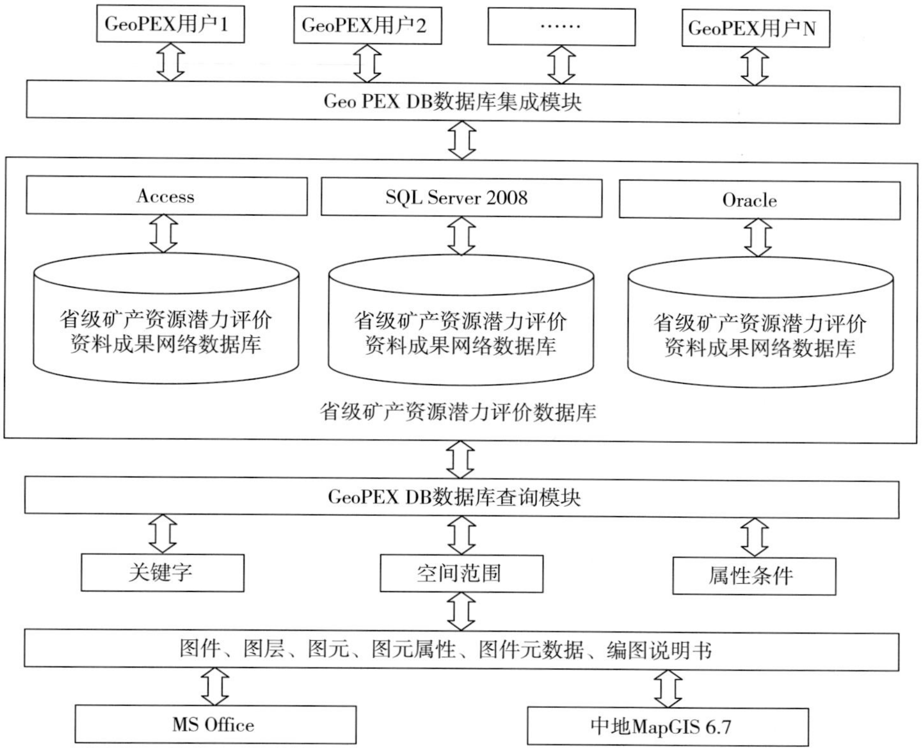

图 6-5　GeoPEX 体系结构

二、集成数据库组织模式

集成数据库组织模式如图 6-6 所示。

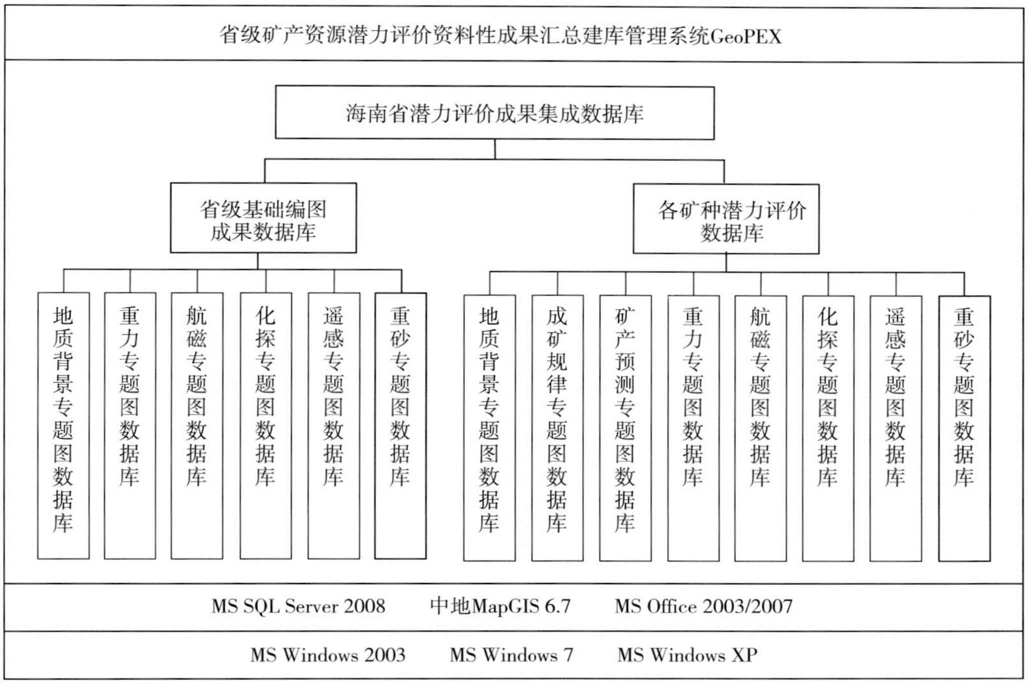

图 6-6　集成数据库组织模式图

三、集成数据库系统部署

集成数据库系统部署如图 6-7 所示。

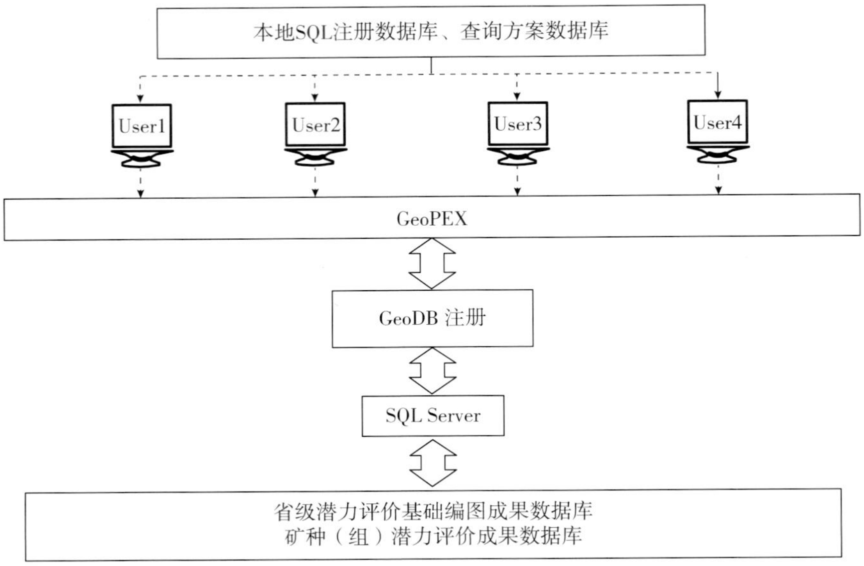

图 6-7　数据库系统部署图

四、数据入库

1. 数据准备

前述的资料性成果汇总工作已把需要入库的数据整理好。按项目要求，需要入库的数据有三部分，一是属于全国矿产资源潜力评价数据模型规定成果，二是不属于全国矿产资源潜力评价数据模型规定但属于各专业需要提交的成果，三是属于省级项目组汇总综合研究成果。此外历次验收意见扫描件也要入库。

2. 计算机注册

数据建库为多台计算机分别导入，为区别不同计算机导入的图件（库），要对每台计算机进行注册，使每台计算机具有唯一的 6 位编码（2 位省级行政区编码+4 位计算机编号）。

3. 数据库注册

由于潜力评价成果数据量大，如果都集成到一个 SQL 数据库中，不便于数据管理，也会影响检索查询的效率。因此首先将成果划为 16 个数据库分组（表 6-1），然后登录 SQL Server 2008 数据库管理系统，在 SQL Server Management Studio 中分别建立 SQL 数据库。其次，打开 GeoPEX 数据库注册子模块，注册数据库到 GeoPEX 系统，作为 GeoPEX 系统的数据源，使得 GeoPEX 可以依据权限访问（增、删、查、改）注册数据库的数据。最后，要测试一下数据库是否联机成功。

表 6-1　数据库分组一览表

序号	数据库分组名称	数据库注册名称	数据库物理命名（SQL 中）
1	省级基础编图成果	省级基础编图成果图库	GeoPEXDB000
2	铁矿种（组）潜力评价成果	铁矿种（组）潜力评价成果图库	GeoPEXDB001
3	锰矿种（组）潜力评价成果	锰矿种（组）潜力评价成果图库	GeoPEXDB002
4	铜矿种（组）潜力评价成果	铜矿种（组）潜力评价成果图库	GeoPEXDB004

续表

序号	数据库分组名称	数据库注册名称	数据库物理命名（SQL中）
5	铅矿种（组）潜力评价成果	铅矿种（组）潜力评价成果图库	GeoPEXDB005
6	锌矿种（组）潜力评价成果	锌矿种（组）潜力评价成果图库	GeoPEXDB006
7	钨矿种（组）潜力评价成果	钨矿种（组）潜力评价成果图库	GeoPEXDB008
8	钼矿种（组）潜力评价成果	钼矿种（组）潜力评价成果图库	GeoPEXDB010
9	金矿种（组）潜力评价成果	金矿种（组）潜力评价成果图库	GeoPEXDB011
10	银矿种（组）潜力评价成果	银矿种（组）潜力评价成果图库	GeoPEXDB012
11	稀土矿种（组）潜力评价成果	稀土矿种（组）潜力评价成果图库	GeoPEXDB014
12	铝土矿种（组）潜力评价成果	铝土矿种（组）潜力评价成果图库	GeoPEXDB016
13	磷矿种（组）潜力评价成果	磷矿种（组）潜力评价成果图库	GeoPEXDB018
14	硫矿种（组）潜力评价成果	硫矿种（组）潜力评价成果图库	GeoPEXDB019
15	萤石矿种（组）潜力评价成果	萤石矿种（组）潜力评价成果图库	GeoPEXDB022
16	重晶石矿种（组）潜力评价成果	重晶石矿种（组）潜力评价成果图库	GeoPEXDB023

4. 查询方案配置

查询方案，一方面作为用户检索出空间结果信息的简单底图，另一方面作为用户检索空间数据所要选用的空间约束条件。按集成建库技术要求，本次建库在GeoPEX系统内创建并配置了以下5类基本查询方案：①省级行政区划范围图；②1∶25万分幅接图表图；③各矿种（组）预测工作区范围边界图；④各矿种（组）典型矿床研究区边界图；⑤各矿种（组）矿产预测类型范围分布图。

5. 数据投影转换

平面投影坐标图件必须转换为统一的经纬度坐标图件才能导入到GeoPEX系统中，因此，GeoPEX提供了平面投影坐标图件批量转换为经纬度坐标图件、查询投影参数等功能。“批量投影”功能使用的前提是MapGIS工程图件均为正确的投影参数，如果MapGIS工程图件没有设置投影参数（如遥感影像图），则只能逐个进行手工投影，这需要设置正确的“当前投影参数”。“投影转换”属于“就地转换”，即转换后的图件与转换前的图件属于同一目录、同一名称，换言之，转换后的图件已替换了转换前的图件，转换前的图件已不复存在。因此，在投影转换前，先将图件做好备份，然后再进行投影转换。遥感影像图中的TIF、MSI图件等是不能投影的，这些文件作为附件导入。

6. 数据导入

各类成果应正确地导入相应的数据库分组中。①导入图件时GeoPEX自动读入并显示MapGIS工程图件的相关信息，应核对这些信息是否正确，对缺失的信息项通过下拉选项或输入的方法补齐。此外，GeoPEX会进行导入前图件检查，检查完毕会弹出“图件导入错误检查”窗口，一一列出当前图件的错误信息。若错误信息中不包含“严重错误”的信息，可点击“忽略错误信息”按钮，GeoPEX将继续执行图件导入操作。如果有严重错误，应取消图件导入并退出，然后根据错误提示对图件进行修改，才能再次导入。②导入附件（包括编图说明书、元数据、质量检查文档、栅格图像、遥感图像、汇报材料、表格、其他等）利用的是GeoPEX系统的“附件导入”模块，可实现将文档附加到相应图件上，并可对附加的文档进行更新或替换等处理。③导入报告模块可以将各类文字报告等导入相应的数据库中，其操作与附件导入模块中的“增加附件”操作类似。

7. 图件维护

若发现已入库的图件信息、图层信息可能存在拼写或其他错误，可利用GeoPEX的“图件维护”模块更新错误的图件信息、图层信息，还可以删除已入库的图件、图层等。“图件维护”模块提供了“人工/按模型修改图件信息、删除选中图件、人工/按模型修改图层说明、删除选中图层”

共四个功能。

8. 数据提交

集成数据库建成后，需要提交 SQL 数据库成果。由于数据库主文件（MDF）和日志文件（LDF）与 SQL 连接，直接复制它们是无效的，因此，要进入 SQL 企业管理器，将数据库做完整备份（不同计算机备份，要保证有足够的磁盘空间），然后将 MDF 脱机，再拷贝数据库主文件和日志文件用于成果提交。拷贝完成后再联机，使本地数据库恢复正常。

第六节　集成数据库成果

海南省矿产资源潜力评价资料性成果集成数据库包括了省级基础编图成果图库（GeoPEXDB000. mdf）、铁矿种（组）潜力评价成果图库（GeoPEXDB001. mdf）、锰矿种（组）潜力评价成果图库（GeoPEXDB002. mdf）和铜矿种（组）潜力评价成果图库（GeoPEXDB004. mdf）等内容（图 6-8）。

图 6-8　集成数据库内容

第七节　集成数据库应用

数据库应用最主要的方面就是数据查询，GeoPEX 的图文查询模块提供了图件（包括与图件相关的编图说明书、元数据、质量检查文档、栅格图像、遥感图像、汇报材料、表格、其他等文档）、图层、图元、图元属性、图件附件等内容的检索以及多种查询方式。为了提高查询、检索的速度，图文查询模块在功能操作方面也提供有粗略查询（即“粗查”）与精细查询（即“精查”）（图 6-9，图 6-10）。

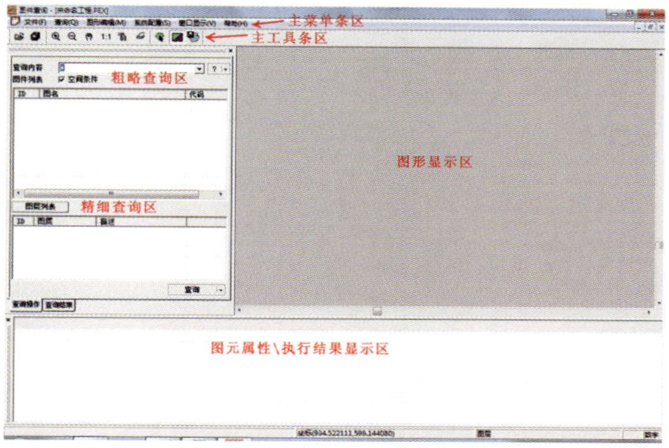

图 6-9　GeoPEX 的图件查询模块主界面

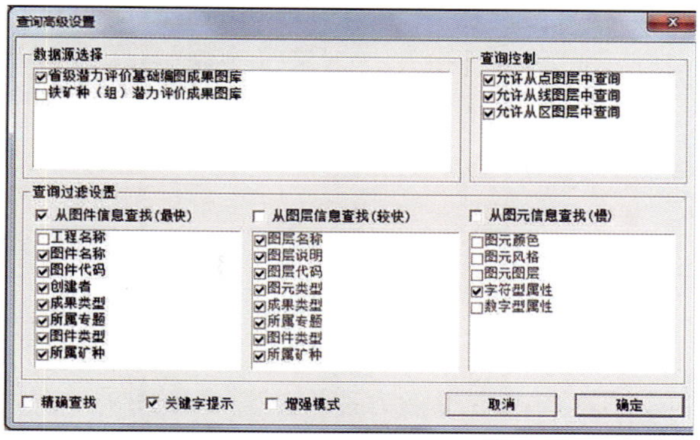

图 6-10　GeoPEX 的图件查询模块设置查询条件举例示意图

第七章　矿产资源潜力评价成果应用与服务简介

第一节　评价成果应用情况

本次矿产资源潜力评价达到了预期的“边实施、边出成果、边应用”效果，成果应用大致分两个方面，一是地学数据库维护成果直接应用于潜力评价、矿产资源规划等工作；二是潜力评价成果应用于矿业权管理、矿山接替资源调查等工作。

第二节　成果应用范例简介

一、矿产资源规划

2010—2012 年编制海南省第二轮市县级矿产资源规划时，直接引用了矿产地数据库成果制作各市县的矿产资源分布图，在规划数据库建设时也利用了其中的内容。在编制本省“十二五”矿产规划时，利用地质工作程度数据库成果对本省的地质勘查作出规划部署，避免了重复部署调查评价工作。

二、矿政管理

2010—2011 年编制《海南省矿业权整合方案》时，依据矿产资源潜力评价成果，首先确定了琼西戈枕金成矿带和琼南千家钼铅锌多金属成矿带为我省探矿权整合的重点选区，其次利用圈定的矿种最小预测区对矿权设置的合理性进行套合核查（图 7-1，已设探矿权分割了最有利成矿地段，且勘查范围未涵盖整个有利成矿地段，应列为整合对象），并提出整合建议。2011—2012 年开展的《海南省矿业权设置方案》编制工作中，利用潜力评价成果合理划定矿业权设置范围，从地质成矿信息角度避免了矿业权设置范围出现不合理现象。

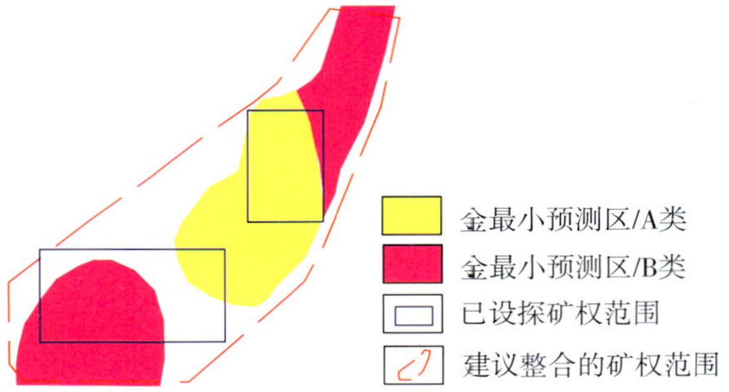

图 7-1　评价成果应用于矿业权整合和设置示意图

三、矿产勘查部署

在海南省重要的老矿山——石碌铁矿的接替资源勘查工作中，利用铁矿潜力评价预测成果对以往认为成矿条件差的侵入岩体影响地段进行了深部钻探勘查，新发现了铁矿体，提高了矿山的后续资源保障能力。

第八章　结　　语

矿产资源潜力评价是一项意义重大的矿情研究。从 2007 年 6 月在北京首次开展大规模培训算起，海南省矿产资源潜力评价前后经历了整整 6 年。该项目工作时间之长、投入人员之多、涉及地学专业之广、引用资料数据量之大在本省地质工作史上都是前所未有的，项目取得的成果是丰硕的，产生的影响也将会是深远的。

本章对“海南省矿产资源潜力评价综合信息集成”课题的工作成果进行了概括性总结，并对本项目存在的一些问题提出了建议。

第一节　主要成果

在本省矿产资源潜力评价项目其他课题组的大力配合下，通过本课题全体成员的努力，顺利地完成了既定的任务，取得了丰富的成果。

（1）通过对本省地学数据库的深入调研，全面梳理和总结了本省地学信息化建设工作；在此基础上，完成了八大类地学数据库维护与更新，既满足了潜力评价工作的需要，又为今后的其他地质工作乃至经济社会建设的相关方面提供优质的地学数据基础。

（2）通过全面、全过程使用计算机技术开展潜力评价工作，为 GIS 技术、数据库技术的应用起到了示范和带动作用，使 GIS 技术在本省地质工作各个领域应用得到进一步推广，应用水平明显提升。

（3）总结出了一套以 GIS 为主要工具、将当代成矿理论与现代综合勘探技术相结合、将定量数值计算和计算机信息可视化技术相结合，多思路、动态地进行靶区筛选和圈定找矿有利地段的矿产资源潜力评价的方法，彻底改变了传统矿产资源评价的方法体系，极大地提高了预测效率，精确了评价过程。

（4）建成了海南省省级基础编图成果数据库和铁、锰、铜、铅、锌、钨、钼、金、银、稀土、铝土、磷、硫、萤石、重晶石、煤等矿种（组）潜力评价成果数据库，为研究制定国家矿产资源战略与国民经济中长期规划、科学合理地规划和部署本省的矿产勘查工作提供了参考依据。

（5）完成了海南省矿产资源潜力评价成果集成数据库建设，实现了省级矿产资源潜力评价数据成果的一体化管理，为海南省矿产资源潜力评价数据成果的社会化服务奠定了基础。

（6）充分发挥了老专家的“传帮带”作用，培养了一批掌握现代矿产资源预测评价理论方法和 GIS 评价技术的年轻一代地质人才。

第二节　存在的问题

不同地学数据库之间存在着数据库格式、数据库结构、下属词编码和要素分类不统一的问题，影响数据的利用。

个别地学数据库无管理系统，给数据库应用带来不便。有的管理系统版本低，已不适用地当前普遍使用的操作系统和软件环境，亟待升级版本。

第三节　建议与展望

应科学统筹地学信息化建设工作，加快推进不同地学数据库的信息整合和应用，逐步消除“孤库”，避免再出现新的“信息孤岛”。

以需求为导向，不断完善各类地学信息模型，持续性地开展数据库维护更新，使地质数字产品更好地服务地质调查主业。

强化本次评价成果的推广应用，提高项目的社会效益和经济效益。

地质科学研究是不断探索、不断认识的过程。矿产资源潜力评价工作应根据地质工作的新成果、新认识和需要，常态化开展下去。应充分借鉴本次潜力评价的好经验、好方法做好今后的矿产资源预测研究，继续为国家制定矿产资源战略与国民经济中长期规划、科学合理地规划和部署矿产勘查工作提供科学依据。

主要参考文献

左群超，杨东来，冯艳芳，等．2011．矿产资源潜力评价数据模型丛书：成矿地质背景研究数据模型［M］．北京：地质出版社.

左群超，杨东来，陈郑辉，等．2011．矿产资源潜力评价数据模型丛书：成矿规律研究数据模型［M］．北京：地质出版社.

左群超，杨东来，赵汀，等．2011．矿产资源潜力评价数据模型丛书：矿产预测研究数据模型［M］．北京：地质出版社.

左群超，杨东来，张明华，等．2011．矿产资源潜力评价数据模型丛书：重力资料应用数据模型［M］．北京：地质出版社.

左群超，杨东来，黄旭钊，等．2011．矿产资源潜力评价数据模型丛书：磁测资料应用数据模型［M］．北京：地质出版社.

左群超，杨东来，吴轩，等．2011．矿产资源潜力评价数据模型丛书：化探资料应用数据模型［M］．北京：地质出版社.

左群超，杨东来，于学政，等．2011．矿产资源潜力评价数据模型丛书：遥感资料应用数据模型［M］．北京：地质出版社.

左群超，杨东来，冯艳芳，张德全，等．2012．矿产资源潜力评价数据模型丛书：数据项下属词规定［M］．北京：地质出版社.

左群超，杨东来．2012．矿产资源潜力评价数据模型丛书：通用代码规定［M］．北京：地质出版社.

左群超，杨东来，李景朝，等．2013．矿产资源潜力评价数据模型丛书：自然重砂资料应用数据模型［M］．北京：地质出版社.

左群超，杨东来，叶天竺．2012．中国矿产资源潜力评价数据模型研制流程及方法技术［J］．中国地质，39（4）：1049-1061.